历史的丰碑丛书

法国现实主义文学巨匠
巴尔扎克

张洪生　编著

吉林人民出版社

图书在版编目(CIP)数据

法国现实主义文学巨匠——巴尔扎克/张洪生编著.
-- 长春：吉林人民出版社，2011.4（2025.4 重印）
（历史的丰碑丛书）
ISBN 978-7-206-07642-8

Ⅰ.①法… Ⅱ.①张… Ⅲ.①巴尔扎克，H.D.
（1799～1850）—生平事迹—青年读物②巴尔扎克，
H.D.（1799～1850）—生平事迹—少年读物 Ⅳ.
①K835.655.6-49

中国版本图书馆 CIP 数据核字 (2011) 第 037467 号

法国现实主义文学巨匠 巴尔扎克
FAGUO XIANSHI ZHUYI WENXUE JUJIANG BAERZHAKE

编　著:张洪生
责任编辑:卢俊宁　　　　封面设计:孙浩瀚
制　作:吉林人民出版社图文设计印务中心
吉林人民出版社出版 发行(长春市人民大街7548号　邮政编码:130022)
印　刷:北京一鑫印务有限责任公司
开　本:787mm×1092mm　　1/16
印　张:8　　　　字　数:72千字
标准书号:ISBN 978-7-206-07642-8
版　次:2011年4月第1版　　印　次:2025年4月第3次印刷
定　价:35.00 元

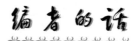

编者的话

"欲知大道，必先为史"。

回溯人类的足迹，人们首先看到的总是那些在其各自背景和时点上标志着社会高度和进步里程的伟大人物。他们是历史的丰碑，是后世之鉴。

黑格尔说："无疑，一个时代的杰出个人是特性，一般说来，就反映了这个时代的总的精神。"普希金说："跟随伟大人物的思想是一门引人入胜的科学。"

以史为鉴，面向未来。作为 21 世纪的继往开来者，我们觉得，在知史基础上具有宽广的知识结构、开阔的胸襟和敏锐的洞察力应是首要的素质要求，而在历史的大背景中追寻丰碑人物的思想、风范和足迹，应是知史的捷径。

考虑到现代人时间的宝贵，我们期盼以尽量精短的篇幅容纳尽量丰富的信息，展现尽量宏大的历史画卷和历史规律。为此，我们编撰了这套丛书。

编撰丛书的过程，也是纵览历代风云、伴随伟人心路、吸收历史营养的过程。沉心于书页，我们随处感受着各历史时期伟大人物所体现的推动历史进步的人类征服力量。我们随着伟人命运及事业的坎坷与辉煌而悲喜，为他们思想的深邃精湛、行为的大气脱俗而会意感慨、拍案叫绝。

然而，在思想开始远游和精神获得享受的同时，我们也随之感受到历史脚步的沉重

和历史过程的曲折。社会每前进一步都是艰难的，都伴随着巨大的痛苦和付出。历史的伟大在于它最终走向进步，最终在血污中诞生了鲜活的"婴孩"。

历史有继承性和局限性，不能凭空创造。伟人也有血肉，他们的思想、行为因此注定了同样具有历史的局限性和阶级的、时代的烙印；他们的功业建立于千千万万广大人民群众伟大创造的基础上。历史是人民群众创造的，伟大的人物们是历史和时代造就的。同时，我们也无法否定此间他们个人的努力。这也正是我们编撰这套丛书的目的。

我们期盼着这套丛书得到社会的认同，对读者，特别是青少年读者之历史感、成就感和使命感的培养有所裨益。史海浩瀚，群星璀璨。我们以对广大青少年读者负责的精神，精心遴选，以助力青少年成长进步，集结出版了《历史的丰碑》系列丛书，敬请读者批评、指正。

历史的丰碑丛书

巴尔扎克为世界文学构筑了一座宏伟的大厦，他试图以自己的文学体系囊括法国社会全部的社会关系和社会生活。假如天假余年，他的才华、勤奋、信念和阅历铺垫，会使他成就自己的勃勃雄心。然而，体力的过分透支，感情的磨难，使他过早地撒手人寰。他所完成的九十余部作品，均被收入《人间喜剧》中，《人间喜剧》被誉为法国社会的"百科全书"，堪称人类文学史上的一座丰碑。

目　录

历史的丰碑丛书

凄惨的童年

> 航行在知识的海洋里，才不至
> 于心灵更凄惨。
>
> ——题记

巴尔萨是我们这位主人公祖先的真实姓氏。然而当后人问及这位法国最伟大的小说家的姓名时，人们却答以"奥诺雷·德·巴尔扎克"，而非"奥诺雷·巴尔扎克"，更不会是什么"奥诺雷·巴尔萨"。

在巴尔扎克尘世生活的各色事件里，他的固执的最典型的表现，是改变一般情况下市民生活中最不能改变的基本事实——改变姓氏。在他30岁左右，有一天，他公开宣布，他的姓名是奥诺雷·德·巴尔扎克，并且说他早就保有这个贵族称号的一切特权和名分了。

巴尔扎克的父亲只不过仅仅在他最亲近的亲属圈里，开玩笑地吹嘘过说可能他跟古代骑士巴尔扎克·德·昂特拉格家族沾点儿远亲，可他的儿子却挑衅般地把虚无缥缈的臆测夸大到毋庸置疑的事实的地步。巴尔扎克在函件和著作上都签署"德·巴尔扎克",还把德·昂特拉格家族的纹章漆绘在马车上。

有一次,巴尔扎克还乘这辆马车到维也纳去旅行。每逢好事的同僚们对他这种妄自尊大有所揶揄,巴尔扎克便坦然地说,远在他出生以前,他的父亲就已在正式文书上确认自己的贵族家世了。不幸的是,那可恶的文书上面,一点儿也没有贵族的"德"的痕迹,至于其他有关证件,也都不能提供贵族家世的有关证明。但巴尔扎克以他那燃烧着的创造性的意志,到底取得了辉煌的胜利,战胜了羊皮纸上冷峻的真实。

巴尔扎克的父亲——伯纳·弗朗索瓦,于1746年6月22日出生,生在奴该瑞耶村中一间破烂的石头小屋里。11岁时,被他的父亲——一个普通的庄稼汉,送进教会。教区的神父教伯纳·弗朗索瓦读书写字,还学一点儿拉丁文,可这精力旺盛、雄心勃勃的小伙子毫不留恋出家及贞洁盟誓。这段时间,伯纳·弗朗索瓦帮助本村的录事官做过书

←巴尔扎克像

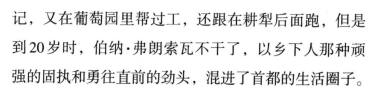

记，又在葡萄园里帮过工，还跟在耕犁后面跑，但是到20岁时，伯纳·弗朗索瓦不干了，以乡下人那种顽强的固执和勇往直前的劲头，混进了首都的生活圈子。

后来，法国大革命把这个乡下人跟许多和他同类的人物一样，推上了风口浪尖，伯纳·弗朗索瓦还在巴黎的革命市议会上得到一个职位，这个职位，使伯纳·弗朗索瓦建立了许多有用的关系，使伯纳·弗朗索瓦得以就职于军队的战时物资军粮处。军粮处黄金的线路不可避免地会延伸到放债人和银行家们的账房里。在这里工作了30年后，伯纳·弗朗索瓦又去给巴黎的杜麦尔·丹尼耶银行当主任秘书了。至此，伯纳·弗朗索瓦进入"上流社会"，成为有私产的绅士。

51岁那年，伯纳·弗朗索瓦相中了银行里一位主任的女儿，比他小32岁的安娜·莎洛特·罗尔·郎比耶。虽然伯纳·弗朗索瓦和她年纪相差悬殊，但安娜作为乖女儿，她驯服地听从父母的劝告。

进入婚后的生活，伯纳·弗朗索瓦认为再寄人篱下有损身份，并且没有多少油水可捞，于是在拿破仑掌握国家命运的年代，通过旧故关系，当上了第二十二师军粮处的监督。

在此期间，就是他们的长子奥诺雷出世的时候，伯纳·弗朗索瓦被杜尔城中的上层资产阶级当做同等人

物加以接待，军粮处的税收也很好，奥诺雷出世不久，伯纳·弗朗索瓦一家就从狭窄的意大利军队街搬到自己的房子里。直到1814年这段拿破仑战争的黄金时代持续期间，伯纳·弗朗索瓦和妻子一直能享受自用马车，还有一大批仆人，可以说他们过着奢侈的生活。

奥诺雷的母亲总觉得自己命薄，是个招人厌烦的人。她整天用各式各样音色的歇斯底里的叫喊来发泄她经常蒙受的"委屈"。然而，她并非一位缺乏理智的人，也不缺少教育。当她还是少女的时候，就被选做那位银行家杜麦尔先生女儿的闺中侣伴。那些年间，她也曾对文学有一些兴趣，但这兴趣，不久便被天生的料理钱财的本事所淹没。

出身于典型巴黎小资产阶级家庭，她把那个阶级的理财本能带到婚姻里来，尤其是那卖弄商品时的贪婪的气息。在她的观念中，所谓教养儿女，就是教给他们：花钱是罪恶，想办法赚钱才是最高尚的美德。她还努力地怂恿他们，早早为自己终生创造一个稳定的"地位"。她不给他们任何自由，一双严厉的眼睛整天监视着他们。她的成功，使巴尔扎克感到"我母亲就是我一生中降临到我身上的一切灾病的根源"。

这位母亲冷酷地拒绝孩子们一切情爱的表示，至少是缺少爱怜。她的长子刚一出世，她就立刻把他交给一个乳母看管，一直到4岁。这时，尽管住宅非常宽敞，还是只有每个星期日，她才准许他回到自己家中一次，并且不让他同较小的孩子们玩儿。他没有玩具，也收不到礼物，有病时没有母亲在床边看护，也从来不曾从她嘴里听到一个慈祥的字眼。当他挨近她的膝头要拥抱的时候，一声严厉的怒吼使这个经过千百次努力而生的企图戛然而止。到了7岁，这个几乎没人要的孩子被打发到旺多姆一家寄宿学校。

这所学校矗立在旺多姆的市中心，前临小罗瓦尔河，与其说它是一所学校，不如说更像一个监狱。从入学那天起，二三百个学生就受着严格的寺院训练，从来没有假日，父母只有在特殊情况下才被准许来看望他们。在那些年里，巴尔扎克从来未遇到过这种特殊情况。

学校的费用，不仅学费，连衣食费用也包括在内，数目是很少的，因而孩子们连最低限度的必需品都十分缺少。那些从父母手里得不到手套和暖和内衣的孩子们（当然包括巴尔扎克），在冬天，就得蜷缩着熬过，手指冻裂，脚生冻疮。像巴尔扎克那种精神和肉体比较敏感的人，比起那些农民同学，感到格外辛苦。这在巴尔扎克的自传性作品《路易·蓝柏尔》一书中，从那个蓝柏尔身上可以看出：

"他的肉体感官具有高度敏锐性，因而非常脆弱，他身上每根纤维在这种群居生活的束缚下都是痛苦的。空气中永远是秽恶的教室气味，教室里还零乱地摆着孩子们的残羹剩饭，真使他的嗅觉难堪……我们的寝室，每天只在我们起床以前打扫一次，永远是脏的，虽然有不少窗户和高大门洞，空气永远是沉浊的。臭气来自洗脸处和梳头的那个角落，来自柜子里，来自每个孩子都有的上十件东西，还有最后，却不是最少，来自八十个挤在一起的肉体。……严格的训练——这一切都使蓝柏尔充满了忧郁。他左手托着下巴，臂肘放在书桌上，以眺望天井里的绿树和天空中的云彩来消磨他在教室里的时间。看上去他在用功，可是当教师觉察，他的笔并没有移动，前面仍是一张白纸的时候，他就会叫道：'蓝柏尔，你又偷懒了！'这些教师们也发现，他不按正当、通常的方式去读和学，他总是在胡思乱想，因此他经常受到斥责，受到禁锢。更频繁的应是体罚，这些教师们看家的本领是这位天才作家最深有体会的。

"他像船上的奴隶被拴在凳子上一样拴在书桌上，挨着棍子敲打，受着疾病磨折，每种感官都受到迫害，像被老虎钳子钳住……他就这样被迫地任凭只不过是个外壳的身体去承受学校里的千般暴政了……我们肉体所承受的痛苦中，最剧烈的无疑要算是皮带的抽打了。皮带约有两指厚，教师以其最大限度的力气和愤怒，把它向我们伸出的手掌抽来……

"路易·蓝柏尔不知被单独挑出来挨了多少次抽打。这要怪他天性中的一个特点，而他自己却长久不曾觉察。当他从白日梦里被老师一声'蓝柏尔，你又偷懒了'的尖叫突然惊起时，他常常要对干扰者投去桀骜不驯的轻蔑的一瞥，这一瞥蓄足了秘密的思想……当教士首次感觉到这种蔑视的眼神像一道闪电对准这个方向投来的时候，他发出了下述的警告，那是我至今不忘的——'你要还敢像那样看着我，蓝柏尔，你就得挨揍！'

"然而这个面团团般的孩子，早已被智慧的飞翔之力带到那令人窒息的教室之外的天地中去了。这些教师们哪里知道，他所真正寄居的，是书籍的世界。一个工业大学的图书馆员，那时正在私下给他补习数学，答应他可以把他业余时间喜欢的任何书籍带走，虽然他未能想到这个贪婪的少年读者竟达到如此程度——他把书籍当做了救星，来慰藉那承受着痛苦和屈辱的心灵。从那时起，他吞噬了各类书籍，汲取了神学、历史、哲学及科学作品中的精华，在知识的海洋中获得了巨大的欢乐，显示了他在这方面的奇迹。通过阅读吸取思想，在他这里已达到了非凡的程度。他一目可看七八行，行间的意义被心灵摄取，其速度竟可与眼睛的敏捷配合，常常是一个单字就足够给他整句的意思。他的记忆力惊人，他能真切地记住阅读所获得的观念。干脆说，他的记忆力并非属于某一类型，而是各型兼备的——地点的、名氏的、字句的、事物的、相貌的各种记忆力……12岁时，他的想象力被从不间断地运用所激发，已经发展到一个高度，能使他把那些只是书本上得到的事物构成非常真切的概念。

←巴尔扎克塑像

他也许最善于举一反三，也许先天赋有第二视觉的本领，使他理解大自然的整个轨迹。

"当他身上的每根纤维都这样集中于他所读之物时，他好像已不知肉体之存在，只凭潜在的力量而生存。这种潜在的力量非同寻常，用他自己的说法，他已'遗世而忘我'。

"然而他在飘飘然神游于作品后，带着精神上狂欢后的困倦，这个疲惫不堪的孩子又得穿上他所厌恶的僧服去与村童为伍、等待。"

巴尔扎克14岁的时候，他的精神已到了崩溃的边缘。巴尔扎克突然离开这个"监狱"，回到了父母的身

萨榭城堡　1830年，巴尔扎克回到他的出生地图尔城，住在家族故人德马科尔先生的萨榭城堡，寻找创作灵感。

边。巴尔扎克的父母看到，6年前那个圆面孔、健壮的"又肥又大"的孩子，变成了一个形容枯槁、带着睁大惊怖的眼睛的陌生人。巴尔扎克呆呆地坐在一边，保持缄默，这使母亲大为不快。

为使巴尔扎克所受的教育得到补充，他又被送到杜尔的中学去。到1814年底，当巴尔扎克的家从杜尔搬到巴黎时，巴尔扎克进入黎毕德先生的寄宿学校，在这所学校里，巴尔扎克还是不能使自己出人头地。于是，他的恼火的父母又把他送进另一所学校。在那里，他的成绩仍不见好转，在有35个孩子的班上，他的拉丁文列在第32位，这个结果使母亲证实了奥诺雷是一个废物，并给他发去了带有不祥暗示的警告信。然而，巴尔扎克居然想尽一切办法完成了学业。1916年11月4日，巴尔扎克以法学系学生身份进入了大学。

大学生活，本应给年轻的大学生带来自由的曙光，本应以独立自主的意识去追求学业，并根据己之所好去利用闲暇。然而，巴尔扎克不得不按父母的要求，一面偶尔听听课，一面到一个律师事务所去做办事员。两年以后的1月4日那天，巴尔扎克终于置身于"正"途，获得了学士学位。巴尔扎克不久将取得律师合作者的职务，将给母亲、给他的家族增添无限的荣耀。然而，这些年来一直压抑着的反叛火焰，却在胸中燃烧起来。

XIANGGUAN LIANJIE

巴尔扎克名言

婚姻的幸福并不完全建筑在显赫的身份和财产上，却建筑在互相尊敬上。这种幸福的本质是谦逊和朴实的。

做母亲的学问，就在于懂得默默无闻地、不为人知地发扬自己的优点；她从不炫耀自己，却时刻忠于自己的事业，每做一件小事都表现出她的美德。

时间是人的财富、全部财富，正如时间是国家的财富一样，因为任何财富都是时间与行动化合之后的成果。

一花凋零，荒芜不了整个春天。

想升高，有两样东西，那就是必须做鹰，或者做爬行动物。

伟大的人物都是走过了荒沙大漠，才登上光荣的高峰。

苦难，是天才的进身之阶，信徒的洗礼之水，能人的无价之宝，弱者的无底深渊。

对许多人，书籍与鲜花之重要根本不下于面包。

一个相当标致的女人可以无需装饰品的帮助，运用艺术的手法，把化妆下降到次要的地位，而突出自己朴素的美。

真正的朋友的精神方面的感应，和狗的嗅觉一样灵敏；他们能体会到朋友的悲伤，猜到悲伤的原因，老在心里牵挂着。

两颗伟大的心灵，一朝由感情或友情结合之后，全靠外界的刺激把他们的友谊不断地加强。

也算抉择

确定了方向，才有更多的动力产生。

——题记

1819年春季的一天，巴尔扎克突然从律师事务所的凳子上跳了起来。

他踢开凳子，扔乱摊在桌子上灰尘封积的卷宗，叫喊着。他真的厌倦了这种枯燥乏味、毫无生活气息的日子，这种日子没有给他一点儿自由与快乐。

有生以来巴尔扎克第一次昂起了头，毅然决然地以自己的意志对抗家庭的意志，直面冷血的母亲，毫不迟疑地宣告他决不打算去当一名律师或是接受任何官方的职位，他不想从事任何资产阶级的职业。

巴尔扎克决心成为作家，他要依赖伟大的著作，取得独立自主、财富和名声。

巴尔扎克的决定恰似晴天霹雳，给家庭一个沉重的打击。这个废物居然要放弃一个有保证的职位！竟然要去献身于像写作这种靠不住的手艺！可拿到的固

定、可靠的收入在哪里？保障在哪里？又有什么出路？文学！诗歌！艺术！那都是上层贵族家庭的奢侈品，是有生活保障的人才能搞的，而绝不是一个中等家庭中一个微不足道的子弟所能从事的。

况且，这个不孝顺的年轻人又什么时候在这方面显露过一点才华呢？有谁曾经读过他的一篇文章？他什么时候发表过作品，哪怕一首小诗？从来没有过！

在所有巴尔扎克读过书的学校中，他的名次总是排在废物堆里。35个学生，拉丁文他考第32名，数学成绩就更不用提了，而数学毕竟是每个诚实买卖人最要紧的学问啊！

↑巴尔扎克故居位于巴黎第十六区莱努合大街47号

更重要的是，波旁王朝的复辟使欧洲的战争告一段落，对军需供应人和发战争财的人来说，不景气的时光到来了。

老巴尔扎克 8 000 法郎的肥薪，被改为微薄的年俸。他在杜麦尔银行也破产了，在其他投机事业中大受诈骗。不过家庭还称得起生活舒适。在西方小资产阶级中有一条不成文法，就是每一笔收入的减少，必须立刻以双倍的节省与之相抵，因此巴尔扎克一家放弃了巴黎的住宅，搬到了距首都二十多公里的维尔巴黎西。生活标准开始降低，消费渐次减少了。

在这个当口，他们胸无城府的儿子却来发表这个吓人一跳的声明，说是他不仅要成为一个作家，而且希望父母在他游手好闲期间给予接济。

对这事反对最凶的，当然要数他那平庸的母亲，她把这件事看成一种屈辱。一旦她的亲戚朋友们得知这一丑闻，说娘家是郎比耶的巴尔扎克太太的少爷当了写书的作者或报纸投稿人，她还怎么能抬得起头来？

不行！不行！决不允许儿子沉溺于这种挣不来面包的胡思乱想！为了法律训练所花的费用，都是用硬币支付的。现在必须让这个滑稽的丑剧收场。

但是，她竟然第一次猝然遇到阻力，那阻力是在她的天性老实、随遇而安的儿子身上从未出现的。

眼泪也罢，规劝也罢，诱导也罢，苦苦哀求也罢，歇斯底里地痉挛也罢，都不能让儿子放弃那可怕的计划。巴尔扎克已决意要成为伟大的作家，而不是律师。

经过一番旷日持久、艰苦卓绝的斗争，双方达成协议。协议规定，巴尔扎克可以走自己的道路，允许他使自己变成一个伟大而著名作家的本领受到考验。家里将在这件很靠不住的事业上投下一笔极其有限的资金。同时规定，父母准备在不超过两年的期限内对他进行资助，如果在此期限之末他还未成为伟大而著名的作家，他就得回到律师事务所的凳子上去，否则，他们就取消对这个浪子的支持。

协议达成，父亲每月付给他120法郎。失望的母亲的首要工作就是在亲属面前保密，掩盖儿子去巴黎的真相，说是由于健康的因素而去南方一位表弟家暂住。次之就是在巴黎贫民窟中为儿子选择最穷、最破、最不舒服的住处，借此软化他的决心，破坏他

←巴尔扎克故居内的巴尔扎克塑像

的意志。

　　莱斯底居耶尔街九号是最能满足这位伟大作家的母亲的心意的。关于这间屋子的描写，在《驴皮记》中可以找到："一座黑暗恶臭的楼梯间，经过五段楼梯，就到达一扇破门，那是由几块木板草草拼成的。开门以后，凭触觉可以进入一间又低又暗、冬天冰冷、夏天燥热的阁楼。即使只要每月五法郎的名义房租——合三个苏一天——房东太太也找不到愿意住到这个窠洞里来的人。"

　　巴尔扎克的母亲胸有成竹，她绝不采取任何措施来使这个囚室稍微舒服一点儿，或者稍微像个住处。

　　巴尔扎克只得到几件必不可少的破烂来装备他的阁楼。一张死硬的平板床，一张小橡木桌子，盖着几块破皮子，两把旧椅子。他最热切地渴望着租用一架小钢琴，却未被允许。

　　后来，虽然巴尔扎克从家里乞求来"白棉线袜，灰毛丝袜和一块手帕"，但母亲对他这种行为有了更明确的指示——不要太"奢侈"了。

　　即使如此，巴尔扎克却无比惬意。他完全超脱了现实，他的眼睛赋予最不起眼的东西以活生生的趣味，从他那洞窟里看到的巴黎各式各样房顶的景色给了他无比的慰藉：

　　"我还记得，当我坐在窗前吸进新鲜空气时，我多么高兴地把面包浸入牛奶碗里。我的目光漫游于一幅覆盖着绿色或淡黄苔藓的棕色、红色、浅灰色的屋瓦或石板的屋顶形成的风景。起初，这景色投入我眼中显得非常单调，可是不久我就发现了那里面的特殊美丽。黄昏被日光照耀，不合扇的百叶窗在这片奇异风景中勾勒成一个个黑洞。还有路灯暗淡的微茫，穿过雾层，向下投散着淡黄色的反光，以微弱的光辉，把拥挤的屋顶起伏映射在人行道上，像是一片建筑物的茫茫大海。……在某个屋顶花园的花丛间，我看见一位老妇人瘦削、伛偻的侧影，她正在浇金莲花。映在另一家阁楼的破窗框上的是一位正在梳妆的少女的剪影，她还以为没有人注意到她呢。我只能看见她俏丽的额头，还有那长长的辫子，她正在用玉臂把辫子举到亮处……"

　　在明朗的日子，巴尔扎克会离开房间，顺着布尔东大道向圣·昂徒阿纳镇信步徜徉。呼吸点儿新鲜空气，对他来说，也是一种兴奋剂，他可以透视一切事物，用来建筑自己的世界。

　　在头几天的自由日子里，巴尔扎克着手布置他将从事文学劳作的凄凉寓所。他亲自动手粉刷、糊贴斑驳的墙壁，把自己带来的几本书放成一叠，把稿纸叠得整整齐齐。他又削了几枝鹅毛笔，买了几支蜡烛，用一个空瓶子当烛台，又弄了一些灯油——那是驱走黑夜的使者。

　　到了"只欠东风"的时候了，那么这个东风是什么呢？东风是这位作家要拿定主意写什么。

　　巴尔扎克把带来的草稿拿出来一看，全是片段，没有一篇完成的，找不出一块助他跃至不朽英名的跳板。

　　巴尔扎克愈来愈感到难以确定究竟应如何开始

　　巴尔扎克认为，只要从正确的角度去观察，每个人就会变成人间喜剧的一个角色，高低之间并无区别。通过小说，他被看成那个时代的历史家。

了。到底是一个哲学体系、一个歌剧脚本、一篇浪漫史诗，还是一部小说？到底是什么才能使巴尔扎克的大名传于天下呢？

两个月过去了，巴尔扎克不断地探索，但收效甚微。创作哲学作品的计划被搁置，自己又不能胜任写小说，只剩下戏剧了，但不知写什么内容，于是他再次从图书馆里借回几十部书来读。

1819年9月6日，巴尔扎克终于决定以《克伦威尔》为题目，现在只等待他的写作了。

巴尔扎克一投身于工作，就好像着了魔。

巴尔扎克昼夜伏案写作，动不动一连三四天不离居室。即使出门，也只是为了去买面包、水果和补充一些咖啡，这是他过度疲劳的神经所必不可少的补给品和刺激物。

冬天渐渐临近了。巴尔扎克的手指对寒冷一向是敏感的，在那既透风又没有生火的顶楼里，手有逐渐麻木而写不出字的危险，可他的狂热意志却不让步。

巴尔扎克始终不离桌子，他用父亲的一条旧毛毯盖住脚，身上裹着一件法兰绒背心。他从妹妹那里求来一件旧披肩，在工作时围裹肩头，又从母亲那里求来为他织的帽子。

为了节省昂贵的燃料，巴尔扎克一连几天不下

床。那些与工作俱来的讨厌的伴随物，哪一件也不能推倒他的决定。

唯一使他害怕的是灯油的开支，因为白天愈来愈短时，他不得不在下午三点钟就把灯点上。否则他倒不在乎什么白天晚上，因为无论白天还是晚上，对于他的工作都没有什么区别。

在这段时间里，他没有去过饭馆和咖啡馆。

谈到咖啡馆，这本是青年作家和新闻记者聚会的地方，但每一个苏离开手指都要摆弄三次的他，也只能站在门外对着窗玻璃照照自己饥饿的面孔罢了。

这个都市所能提供的一切快活与奢华，都在这位心甘情愿忍受贫苦的隐士能力所及的范围之外。此时的巴尔扎克无暇顾及这些，他在迫不及待的心情驱使下写啊写啊，太阳穴悸动了，手指发烧了，因为这本《克伦威尔》必须在几个星期内完成，不惜任何代价。

但是，在巴尔扎克神志清醒的时刻，他对自己的才能、对自己全力以赴的作品感到满腹疑惧。

说不定全部苦干都归于泡影！因为遇到写作技巧、艺术上的问题，只凭苦干有什么用？劳动毕竟代替不了天才和经验。

这部作品愈接近完成，他自己愈怀疑愈苦恼，不知是杰作呢，还是一部徒劳无功的东西。

在很多时候，巴尔扎克又会认为《克伦威尔》是出类拔萃的，甚至骄傲地宣告："我这部悲剧将要成为国王和民族的祷告书。"

事实上，想让《克伦威尔》以杰作姿态出现在世人面前的希望是很渺茫的。

这位新作家开始就走错了方向。

对一个对人情世故和舞台技巧都不熟悉的人来说，再没有比写悲剧，尤其是韵文悲剧，更不适宜他未成熟的天才了。因为悲剧同他洋溢奔放的个性不相一致，他构思和写作时，丰富的想象从一个联想跳到另一个，无法让这种飞翔停下来，以便计较音节和韵

←一七九九年巴尔扎克出生于图尔城

脚，而形式又极力桎梏着意念的狂流。他努力模仿古典模式来创造悲剧，这件事本身就是一个悲剧。

可是，巴尔扎克急于写完悲剧，来争取独立和名声，他急于知道自己的抉择是否正确，他急于知道自己是天才，还是应该回到律师事务所，成为家庭的奴隶。

1820年1月，经过四个多月的苦心经营，草稿是弄出来了，又在亚当岛的朋友家里添上几笔。5月份，巴尔扎克回到维尔巴黎西，准备读给父母听，来进一步验证自己的抉择。

　　巴尔扎克为世界文学构筑了一座宏伟的大厦，他试图以自己的文学体系囊括法国社会全部的社会关系和社会生活。

"卖身为奴"

> 把自己卖为"奴隶",是
> 为了获得自由。
>
> ——题记

1820年5月,巴尔扎克的公开朗诵在维尔巴黎西举行。

为了使评判人选完备,父母还邀请了一些有影响的相识。在客人中,高居上座的是拿克加尔大夫(他是皇家医药学会秘书)和达伯兰伯伯。

面对这些不算特别有经验的听众,这位羽毛初成的小作家开始了他的朗诵。

在场的人没有留下一点儿关于这场新奇、可纪念的表演的记录,所能断言的是,听了这使人疲惫的朗诵,马上拿出巴尔扎克是否天才的权威判断很困难。于是,他们大为不安,决定把作品提交一位有资格的权威人士。

这位权威人士是某工业学院的文学史教授,又被聘为法兰西学院的教席。

他读了巴尔扎克的悲剧之后，认为剧本没有任何成功的前景。但他并没有以最终的决绝的、根本否认巴尔扎克文学能力的方式来起草那令人失望的裁决。

他说："我非常不愿意使令郎气馁，然而我的意见却是，他能够比写作悲剧和喜剧更好一点儿地使用他的时间……"

巴尔扎克失败了。但是，他拒绝了那个妥协方案。

同父亲签订的两年尝试合同尚未到期，他还剩下整整一年时间可以好好利用，但当务之急是设法安顿下来，重新工作。

经过一次惨败，已使巴尔扎克的骄矜消失殆尽。一年以前，当巴尔扎克以炽热的心情去写悲剧的时候，常常使自己沉湎于奢侈的梦境中，断定声名、荣誉和自由必可一蹴而就。而现在，巴尔扎克心中的目标实际多了，至于杰作可以等一等再说，最要紧的是利用写作挣钱，无须向父亲和母亲去报销每一个苏。巴尔扎克打定主意要写一些能够立获成功的作品。

哪一种文学可以立获成功呢？巴尔扎克不知道，于是他开始寻找，发现那就是小说。

在前一阶段的感伤潮流耗尽了力量后，一阵新的小说写作潮流已向大陆袭来。战争时代人民日常生活

异常紧张，一份官方刊物——《劝世报》成了小说的替代品。

　　随着和平与波旁王朝的恢复，群众感到需要以别人的经历来刺激自己的灵魂，于是有了对小说的需要，新成立的阅览室和赁书店都满足不了对此类文学的大量渴求。

　　可以看出，那些作家的黄金时代到了，他们能毫不犹豫地在他们的巫婆厨房里搅拌眼泪和毒药，用海盗和贞女、鲜血和熏香、蛮横和高贵、妖术和吟唱做成浪漫的历史馅饼，再加上那令人毛骨悚然的恶鬼酱油，把这份杂拌儿端上桌来。几位善于拿着剪刀和胶水的人，靠他们的"黑小说"发了一笔大财。

巴尔扎克说，机会对所有小说家来说是最重要的。

巴尔扎克于是决定顺应潮流，去写一部历史小说。第一个，也是最主要的一个，便是那无处不有的女巫，索马里的催眠女巫，还有诺曼人、佣兵队上的高贵俘虏和多情的随从。故事中有战争、围困、地牢，更有靠不住的流血牺牲，英雄伟绩……

在巴尔扎克的第二部小说《斯丹尼耶或哲学错误》中，所描述的一些事件，也只是停留在表面上，停留在片段上，以模糊的轮廓描写了路易·蓝柏尔心爱的主题。结果两部小说均以失败而告终。

一年工夫早已过去，可怕的日子终于到来。1820年11月15日，巴尔扎克的父母发出通知，莱斯底居耶尔的屋子1821年1月1日必须腾出。对此，巴尔扎克早有心理准备，他决定不再用父母的钱，自己开始挣钱！

挣钱！这是巴尔扎克可以自立的唯一途径。

在莱斯底居耶尔街居住的那些日子，节衣缩食，一个苏也要摸它三下，其目的就是为了节省点儿钱，获得独立、自主，然而一切都已成为泡影。现在，濒临绝境来挣钱，那就只能依靠奇迹了。

在这山穷水尽之时，渴望找到柳暗花明，那只能到童话里去寻找。童话里魔鬼要与倒霉的人接近，目的在于收买灵魂。而这次接近巴尔扎克的魔鬼看上去

一点儿也不凶恶，相反却是一位活泼欢快的青年人，衣冠楚楚，道貌岸然，并且他所要收买的，也不是灵魂，而是巴尔扎克的手。

记不清在什么地方，也许是在出版商办公室，也许是在图书馆，也许是阅览室，他们相识了。他与巴尔扎克年龄相仿，带有贵族姓氏，叫奥古斯督·勒·波阿特万·德·来哥罗维耶，是一个演员的儿子，从他父亲那儿继承了聪明伶俐，会投机，会用世界上广泛的知识来弥补自己文学上的不足。最近他七拼八凑了一本小说，找到了一家出版商，即将出版。

巴尔扎克大约曾向这位新朋友抱怨过自己成功无路。这位新朋友说，真正的原因是对艺术的野心太

←巴尔扎克故居

大。写小说，容易得很，只要物色或剽窃到一个题材，只要是出版商关切的就行，然后利用剪刀和胶水凑合它几百页。如果巴尔扎克同意，他们以后可以合作，然后一起分成。

卑鄙！这意味着，在规定好了的日期拿出一本杀人放火的小说，每本书还得有一定的页数，这跟昔日的理想真是大相径庭。一年以前，巴尔扎克曾想使自己的名字永垂青史，然而现在他已毫无选择的余地，他不得不放弃莱斯底居耶尔街的屋子，而且如果巴尔扎克不能带着用笔挣的钱回家，他的父母不会再跟他签订第二次自由的合同了，何况为自己卖命总比给别人卖命强。于是，与"魔鬼"的契约就算签订了。为了获得自由，他把自己变成了"奴隶"。

交易达成后，巴尔扎克放弃了莱斯底居耶尔街的那间屋子，搬进了他父母的家。巴尔扎克暗暗决定，一旦挣到足够的钱，他就要另找一处住所。

在这里，巴尔扎克没日没夜地工作，一会儿就把一张迅速写成的稿纸叠放到另一张上去，因为任务实在多，真得感谢他的伙伴兼代理人的积极活动。

当第一批合同结束后，头一本书得了二千八百多法郎，被两个伙伴均分。

巴尔扎克的父母感到十分满足。这个无能之辈终于能立足自给，尤其是在作品中使用许多假名，看得出儿子已经放弃了成为著名作家的念头，避免使巴尔扎克这个姓氏受到玷污。

母亲还把这件事儿当做一桩家务事，她和她的女儿都要成为巴尔扎克的评论者与合作者，督促儿子一定要仔细校改稿子，真使人感到无比厌烦。巴尔扎克的愿望就是在巴黎再次拥有一间屋子，在这个愿望的驱使下，他的工作就更加辛苦了。

每天 20 页、30 页到 40 页，甚至一天一章，是巴尔扎克的平均产量。然而收获愈多，胃口也就愈大。巴尔扎克的写作就像在奔逃，气喘吁吁，肺叶欲裂。巴尔扎克对工作简直就是着了魔，每隔 3 天，

巴尔扎克十分喜爱巴黎第十六区莱努合大街 47 号的这所房子，他可以在自家花园里摘下最新鲜的丁香花或者紫罗兰献给韩斯卡夫人。更重要的是，当他躲进这处"巢穴"、这把"刀鞘"里，便文思泉涌。

墨水瓶就得装满一次，他已用坏10支笔。他那勇往直前的劲儿把同行们都惊呆了。

在为他的伙伴兼代理人完成了第一部小说《两个爱克多》后，1821年以前，巴尔扎克又完成了《查理·伯安特尔》；同年，小说《比拉克的嗣女》也准备好了；1822年2月，另一部4卷作品接踵而至，名叫《约翰·路易或拾到的姑娘》。这时巴尔扎克已真的干够了，然而他还是以冲刺般的神速完成了一本名叫《鞑靼人或充军归来》的小说。

在这些作品中，巴尔扎克连一个合作者的名义也未被提到。此时合同结束了，巴尔扎克开始用自己的笔名出版，他改变了这桩买卖的东家。

此间，我们必须承认巴尔扎克完成作品的惊人速度。巴尔扎克与合伙人合作了16册到20册之后，就在这忙碌的1822年，他竟又写出了另外3部、每部4册的小说。它们是《克洛蒂尔德·德·吕西酿或漂亮的犹太人》、《百岁老人或两个白令赫尔人》和《阿尔丹的本堂神父》，这3部署自己的笔名出版，费用提高到每印1500册2000法郎。按照这种急促、草率的拼凑速度，每年5本甚至10本小说，对巴尔扎克真是轻而易举的事。那么再过几年，他就要阔起来，独立自主也将得到永久的保证。

巴尔扎克在对艺术的探索中发现了极大的秘密——一切东西都是原材料，现实就是个取之不尽的矿源。

1824年，他们为适应大众口味，由专门生产小说，到开始加工"准则"和生理学。月复一月，一大串"准则"被加工出来，继《正人君子准则或免为恶徒欺弄之技巧》之后跟着出了《怎样给他系领结》，还有一本《婚姻准则》，后来扩充为《结婚心理学》。此外，有《推销员准则》《文明礼貌大全》。这些全部或大部出自巴尔扎克的手笔。至于巴尔扎克究竟写了多少本小册子、报纸文章、商业计划，则无法知道，因为不论巴尔扎克自己，还是宁愿躲在幕后的雇主们，都不高兴公开承认他们在廉价出版的荒唐路上生出来的私生子。但这些"准则"中，没有一篇与艺术有一丝关系，谁也不会把它们当成是巴尔扎克的作品。

　　这种粗制滥造，其唯一的目的就是为了尽快地赚钱，获得自由。可文学是一位善妒的主子，它无情地报复每位艺术家，即使他只是偶然漫不经心地对待了它。巴尔扎克对于责任感这一点觉悟得太迟了，在他达到成熟之后倒是拼命地检查手稿，检查铅字盘，检查清样，达到10遍20遍之多，但已太晚了，要想把芜草芟锄净已经来不及了，它们已经极不客气地茂密地扎了根。如果说，巴尔扎克语言上有所缺憾，那是因为他在一生发展的决定性年代里，对自己不够忠实的结果。

　　年轻的巴尔扎克也曾模糊地觉察到，他正在贬低真实的自我。巴尔扎克从来不把真名印到这些作品的任何一本上。到后来，虽然大胆有余而成功不足，他竟坚决否认那些作品了。对自己的好朋友连《比拉克的嗣女》也不让看，"因为，"他说，"那实在是一本文学破烂货。"并告诫说，不要对别人提起有关他写的令人嗤笑的东西，以免损害他的生意，足见当时他对文学曾甚不负责。

　　这时，巴尔扎克23岁，从来不曾享有别人对他的尊敬和信任，也从来没有人援之以手。在学校是个备受轻视的"犯人"，在家里受到桎梏，他又在成年的几个年头卖身为"奴"，以换取可耻的报偿来供赎身之用。他天天苦干，是为了从苦干的强制中赎出自己；他天天劳累，是为了要从劳累中解放自己。而这个可

悲的矛盾后来将决定他的生活形式与内容，他正在折磨人的迷宫里兜圈子。他天天写作，就是为了不再被迫更多地写作；他天天聚敛金钱，就是为了以后不必再为金钱操心。他天天节衣缩食，就是为了最终能纵情消费。天天辛苦啊，辛苦啊，夜以继日，毫无乐趣，片刻不停，就是为了获得生活本来应该拥有的自由！

在"卖身为奴"这段时间里，虽然巴尔扎克的作品尚远未显示出他可以成为一个伟大的艺术家，但已表现出极大的喷发力量，这力量持续不断地喷发出由人的天性和人的命运、意志、梦想所组成的一团火。正像火山，这团炽热的熔浆不光是从表面流出的东西，而是来自神秘深处的一种爆发。这是一种原生的力量，此刻要从压力中寻求解脱了。他已赢得了完成工作的力量，缺乏的只是来自命运的微笑。只要有一线曙光，必将折射出七彩虹霞。

巴尔扎克认为，创作需要的是正确地观察，是集中，是加强，是汲取最大量的生活内容。

相关链接
XIANGGUAN LIANJIE

巴尔扎克名言

爱情是我们心中一种无限的情感和外界一种有形的美好理想的结合。

没有耐性,爱情就不会成功。

爱情不只是一种感情,它同样是一种艺术。一个高尚心灵为爱情而痛苦万分,永远是一场好戏。在精神领域里,真正的爱情能产生出不断的奇迹。

在情感的海上,没有指南针,只好在奇异的事件前面束手无策地随意漂流。

白满、自高白大和轻信,是人生的三大暗礁。

一个才华横溢的人,如果身边没有诚挚的朋友,那准是因为他为人冷酷。

　　诚实，像我们所有的节操一样，应当分成消极的与积极的两类。消极的诚实便是西卜女人那一种，在没有发财的机会时，她是诚实的。积极的诚实是每天受着诱惑而毫不动心的，例如收账员的诚实。

　　痛苦也有它的庄严，能够使俗人脱胎换骨。要做到这一步，只要做人真实就行。

　　真有才能的人总是善良的，坦白的，爽直的，绝不矜持。

　　一个人只要行为高尚，不管怎样无知也会得到原谅的。

　　不曾犯过错误的青年既不原谅别人的过失，同时当做别人也有崇高的信仰。我们必须有了丰富的人生经验，才能理会拉斐尔的名言：所谓了解是彼此的程度相等。

尝试经商

失败并不可怕，怕的是找不着
原因。

——题记

直到25岁，巴尔扎克的希望是依靠不停的笔耕获
得物质上的独立自主。然而在1824年冬，他却想开创
新的事业。

一天，巴尔扎克带着刚刚出手的小说《万一适乐
尔》，走进圣安德烈·德·沙尔广场30号出版商兼书商
于尔班·康奈尔的书店。康奈尔出版社及售书店深知巴
尔扎克出货总是准时不误，而且有本领满足公众关于
凶杀流血、伤感阴谋、异国情调等各种要求。康奈尔
先生接收了他的稿子。同时，也把在心里盘算多时的
商业计划透露给巴尔扎克。他推心置腹地说，他想出
一些圣诞节、暴发户等适宜市民家庭阅读的书籍。法
兰西的古典作品是有需要的，不过目前销路不畅，原
因是这些作者写得太多，在普通家庭太占地方。他的
想法，就是把所有古典作家的全集印成一册，使用小

号字体和每页两栏的方法，如果再加上精美装饰，一定十分抢手。这个计划考虑得很详细，并且拉·封丹那一册已经在手头了。但这个计划要实施还需一个必要的条件——资金。

巴尔扎克立刻为此计划喜不自胜，他向康奈尔表示，愿意成为一个合伙人。其实他并没有什么必然的理由贸然从事这笔不可靠的生意。他自己的小说相当兴隆，只靠一束笔、几令稿纸和不倦的劳作，一年也有几千法郎的收入。但他厌倦干这苦活儿，写出书来，一行一行算钱，一页一页算钱，一本一本算钱。为什么不采取勇敢的步骤，跳出来发一笔财呢？

巴尔扎克沿着自己所选择的道路愈向前进，就愈加明确他能做些什么。

　　第一份合同是在1825年4月中旬签订的，并没有什么害处。巴尔扎克不过成为一个小小财团中的一分子，财团将提供出版一册《拉·封丹》所需要的七八千法郎。到现在也无人知道，这四个人是怎么凑到一块的。在巴尔扎克之外，一位是医生，一位是告老的军官，加上那位书商，而书商的股份大概就是他已拿出来的那笔数目。这四个人都不太有钱，他们只想每人出1 500法郎，投入这个被认为有大钱可赚的生意中。不幸得很，他们这个利用拉·封丹寓言谋利的合作，时间并不长久。从那位医生所写的极其愤怒的信中可以断定，他们头几次会议就是在粗暴的言辞中进行的，间或达到拳脚相加的地步。到了5月1日，巴尔扎克的三个同伙便都撤出，只留他这位还做发财梦的理想家，用自己软弱的肩膀去承受整个压力。

　　现在，巴尔扎克是一本《拉·封丹》的唯一东家了。该书尚未付排，他得独力支付整个出版费用，总数将达到9 000法郎。这对他来说已是一笔可观的数字了。而问题是，钱从何来？是由他抽暇再去诌出两三部小说呢，还是由他去说服父母，把一笔资金交他调度？最后，是他的一位朋友借给了他一笔钱，扫清了他的障碍。

　　照常理讲，本应等《拉·封丹全集》成功，才能去

着手书单上的第二位作家，可巴尔扎克再次使用他强烈的劝说本领，说服了另一位朋友，拿出5 000法郎，作为印刷《莫里哀》之垫付金。于是在一本书没出以前，巴尔扎克已投入了旁人的一万多法郎，而风险却是自己的。

巴尔扎克十万火急地为两本书进行准备，就是因为太火急了，批发商狡猾地利用他的经验缺乏与过度热心，把库存过久、已经污损的纸张供应给他。德维里亚的一幅卷首图，巴尔扎克曾寄以极高期望，拿出来竟是非常之糟。为把全部拉·封丹作品印在一册书里，铅字非常小，以致视力甚好的人看后都感疲惫，

巴黎第十六区莱努合大街47号，是大文豪巴尔扎克的故居。这是一幢古老的建筑，建于文艺复兴时期。这里环境清雅幽静，完全听不到巴黎喧嚣的市声，当年这里曾是盛产葡萄美酒的郊区，巴尔扎克也许就是看上了这个地方的清雅、幽静。

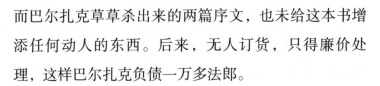

而巴尔扎克草草杀出来的两篇序文，也未给这本书增添任何动人的东西。后来，无人订货，只得廉价处理，这样巴尔扎克负债一万多法郎。

也许是羞于认输的心理，巴尔扎克决心要挽回在《拉·封丹》和《莫里哀》方面的失败，他决定包办生产书籍的各个程序。按照现成的前例，他打算用扩充的办法使破了产的生意有清偿能力。于是巴尔扎克在他经营的事业上开始跑第二圈了——自己开设印刷厂。

办这种事情，有若干条件是必备的，而这些在巴尔扎克这里却尽付阙如。第一，他在印刷技术上毫无所知；第二，他没有官方执照；第三，他既无厂房又无机器；第四，他没有资本去雇佣熟练工人、办执照、购置厂房和设备。既然目标已经确立，就按目标向前走，巴尔扎克首先物色到一位排字老手，因为还在《拉·封丹》付印时，巴尔扎克的注意力便被他吸引了。他通过朋友关系获得了经营印刷业的官方执照。不久，又出善价购买了一所正要出卖的印刷厂。这样四项条件，其中三项没花多大周折就得到了满足。第四项是最难的一项，他得需要5万至6万法郎的资金，用3万取得特许权和买卖本身；1.2万给那位好像并不十分信任这位雇主的经商能力，因而索取这笔款作为保障的排字老手；其余为杂项开支。可巴尔扎克除了

一万多法郎的债务外，分文没有，还要再筹五六万法郎，前景自然不妙。他的运气总算可以，还真的找到了靠得住的保证人，而且是在出乎预料的地方。他的双亲大人，他们不会不向往诱人的——机会。他们手下正有若干资金可供投资，竟然对儿子的这项冒险未持异议，提供资金，供巴尔扎克调用。在双亲的资金支持下，1826年6月4日，巴尔扎克的印刷厂正式开业。

巴尔扎克把这里当做第一个真正的家，以珍爱的心情来布置它，他不去用纸糊墙，而代之以悬挂浅蓝

巴尔扎克以巴黎社会的世态画卷（如《女人之研究》、《30岁的女人》和《夫妇间的和平》），创造出一个全新的类型——"被误解的妻子"类型。

色的花布。他对待新事业是十分严肃的，从大清早到深夜，他穿着衬衫，敞开领口，跟24个工人在一起，冒着油墨、湿纸气味去喂饱那7架饥饿的印刷机。对于他来说，没有哪个细节是无关紧要的，没有哪件工作是有失身份的，他无不过问，校改字盘，帮忙排版，估价成本，并亲手书写票据。他不断地把他那相当肥胖的身躯在狭窄的屋子里挤来挤去，时而督促某个工人加倍努力，时而到办公室，跟书贩们、纸商们论价，分文必争。巴尔扎克全身心地，把肉体和灵魂都投到了印刷新事业上。

然而，事情从开始就不顺利。为了增加流动资金，他把《拉·封丹》和《莫里哀》的存货以低价卖给书商。2 500册只拿到22 000法郎，算起来每册还不到9法郎，而他最初的定价却是20法郎。因他急需资金，便把契约签订了，却没有留神到一件事情的严重性。原来这个书商并不是付给他22 000法郎现款，而是付给他另外两家书商的27 000法郎支票，其中一家还住在外省。当他要求两家书商兑现支票的时候，两家书商竟同时破产了。他债台如此之高，筹不起破产清办手续，于是决定，能为自己拿回多少就算多少，便把外省那家书商的存货接收了。因此，他并没有拿到现金，却收进了大批不值钱的废书。

不幸的是，需要用现金支付，而不能用废书来解决每周的工资账额，不久，那些给巴尔扎克供纸的商人也听到了这里事态的风声，毫不客气地拒绝了巴尔扎克的期票，要立即结清账目。而巴尔扎克的办公室却做不了喧哗逼债的避难所，巴尔扎克愈来愈不在印字间里露面了，尤其是快到周末的时候。他一家一家奔走，设法延缓付款期限，同时探寻从银行家、朋友或亲戚那里获得贷款的可能性。经过几个月的挣扎，最后不得不作罢。到1827年的夏天，他已失掉了一切，钱柜里可以付给工人的一个苏都没有了。只存在两个合乎逻辑的可能性——要么公开破产，要么私人清理。

巴尔扎克却选择了第三个可能，又一次打算以扩

巴尔扎克在巴黎第十六区莱努合大街47号生活了7年，如今卧室、餐厅、工作室等均辟为展室。这里陈列着他的许多遗物，还有他以及他同时代的人的画像和漫画，而这些画像的主人公都成了他作品中的原型。

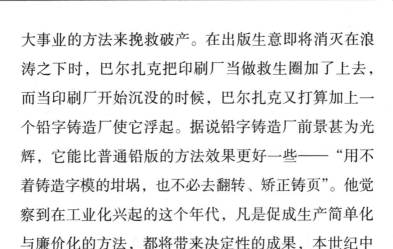

大事业的方法来挽救破产。在出版生意即将消灭在浪涛之下时，巴尔扎克把印刷厂当做救生圈加了上去，而当印刷厂开始沉没的时候，巴尔扎克又打算加上一个铅字铸造厂使它浮起。据说铅字铸造厂前景甚为光辉，它能比普通铅版的方法效果更好一些——"用不着铸造字模的坩埚，也不必去翻转、矫正铸页"。他觉察到在工业化兴起的这个年代，凡是促成生产简单化与廉价化的方法，都将带来决定性的成果，本世纪中最大的利润亦将来自这些发明。巴尔扎克以永恒的乐观主义者的迫不及待和迫在眉睫的破产所产生的压力，紧紧地抓住了这个新机会。

就在巴尔扎克的印刷厂濒于绝境的时候，一个新的铅字铸造厂诞生了。这次巴尔扎克和巴比耶尔、劳容共同经营。劳容供应装备，巴比耶尔接手管理，巴尔扎克负责为新方法作宣传，他为此准备了华丽的样本。然而就在新样本目录刚要完成的当儿，巴比耶尔突然宣布退伙。轮船还没有离开港口就要沉没，又是巴尔扎克扔进9 000法郎，才使这条船暂时得以出航。

然而，事已过迟。带着各式铅字以兜揽买主和顾客的华丽样本尚未及时备妥，公司的债权人鉴于巴比耶尔的退出，已开始围攻这所房子了。纸商与书商要求偿清账目，放款人追索贷款，工人们讨取工资。1828年4月6日这天，本来打算经营12年的第三财团，宣布无力偿付。于是巴尔扎克破产了，三重破产——作为出版商、印刷商、铅字铸造厂的所有人。

坏消息不应该再瞒着父母了，否则，情报将由报纸传达给他们了。崩溃的噩耗像一声霹雳在耳边炸响，究竟应该干脆放弃这个浪子呢，还是应该再牺牲一次，把他作为商人的信誉挽救回来？巴尔扎克的母亲，当初连一文零用钱都不给上学的儿子，似乎很难使人期望她动用家庭存款，不过，她也关心好名声，对公众说长道短忧心忡忡。巴尔扎克这个姓氏若在所有报纸上"破产栏"的下面出现，将使她羞愧无比。在这种绝望心情的驱使下，她宣布愿意再次牺牲钱财，来避免公开丢脸的事情发生。

一位先生应她之

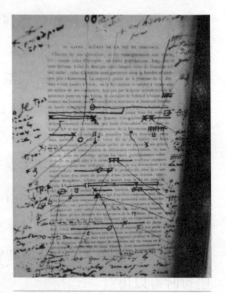

巴尔扎克故居收藏了巴尔扎克的书信、手稿、原版书籍、私人藏书以及其他私人用品，这些藏品见证了巴尔扎克的辛勤工作。

请来办理清算工作，结果这所印刷厂，竟承担着10万法郎以上的未了债务。迈错了一步，就宣判巴尔扎克终身债台高筑。

不过，作为商人他所丢失的却以作为文学家而得了回来。3年来的辛苦，无尽无休地与现实力量搏斗，教诲了这位浪漫主义者。在这之前，他一直满足于描写时髦样式里抄袭来的淡淡影子，而现在，他却能看清这现实世界及每天上演的戏剧，他已领会到在实利主义时代金钱所具有的重大的、魔鬼般的意义；他已领会到围绕着汇票和期票所进行的斗争及在小商号里使用的也并不亚于巴黎大账房中所进行的诡计与权术；他获得了不可胜数的关于社会情况和冲突的知识；他还学会了去观看、去描绘蕴涵于贫困之中的残酷，卑贱生活中的丑恶，和潜伏在人们内心的秘密力量。

从此之后，没有什么庄严宏丽会再打动巴尔扎克，没有什么罗曼蒂克能再欺骗巴尔扎克，因为巴尔扎克已深深看透了社会机器活动的底里。巴尔扎克知道了财是怎么发的，本钱是怎么赔的，官司该怎么打，人在世上可以怎么混，怎样去欺人，又怎样去自欺。正因为学会了观察他们之间的因果关系，他才能忠实地描绘他的时代，筑成自己的艺术世界。

笔锋竟业

> 彼以剑锋未竟之业，我将以笔锋竟之。
>
> ——巴尔扎克题拿破仑像

对巴尔扎克冒失投资事业的全盘告败，人们总以为他的自信心已被埋葬于奢侈愿望的废墟之下了。然而，他心中却感到一种解脱后的轻松——他又可以自由自在地重新开始了。挫折动摇不了他的乐观精神，折断弱者脊梁的事，在他不过是皮上划道伤痕而已。在他一生的每一阶段，勇气总能战胜不幸。

可是，暂时，也还是避免一下锋芒为好。同时为了按他习惯的工作方式去工作，就是说夜以继日，没有间断，他需要完全的遁居，需要一间属于自己的小屋，不论多小都行。为了享受重新开始时所需要的安宁平静，他必须用别人的名字去租房，否则，门铃会天天乱响，也就不会有逃开债主、邮递员、法警的短暂憩息了。1838年3月，一位苏维尔先生，搬进卡西尼街一所小房子里，然后有9年，这儿就是巴尔扎克

的总部。

这个住所跟莱斯底居耶尔街比显得费用高昂。巴尔扎克有3间屋子——起居室、书房、卧室，还有一间讨人喜欢的小浴室，一年花400法郎。他的书房，一点不加装饰，像间僧房，后来也永远保持着这个样子。屋里有一张小桌，他每逢搬迁必定带着，仿佛有点儿迷信地依恋着它；还有一个烛台，这是非常必要的，因为他主要在夜间工作；再有一个壁橱，为贮藏纸张、稿件之用。那间客厅，却装饰得像要卖俏似的有魅力。卧室，特别是那间浴室，一定要妖冶动人。因为从工作所在的那间黑暗、苦行的小屋出来时，他需要周围有温暖、诱人的颜色，精致的物品，和来自财富天堂的金色祥云，就是要有一些东西将他托举于日常世界之上，才不至于立即从美梦中惊醒过来。

看得出，巴尔扎克是决心要成功的。真正的奋斗不过刚刚开始，而且以后绝不会只是一些零星战斗，取得寥寥的钱财同债务的天文数字相比较，永远是失败。那么，这个胜利也将是决定性的。书房的壁炉架上立着唯一的一件装饰品，是一座拿破仑石膏像，那是他空荡无物的书房的调和剂。因为巴尔扎克觉得与这位征服者之凝眸相视乃是对他的挑战。为了鼓舞斗志，他取出一张纸，写上了"彼以剑锋所未竟之业，

我将以笔锋竟之"。他把字条粘在塑像底部，不断地勉励自己全力以赴，一直到他有朝一日也跟拿破仑一样攀跻到顶峰。这位他的时代里最大的伟人，在用白刃杀出一个帝国以前，也曾在巴黎的顶楼上年复一年地等待过。巴尔扎克坐到桌旁，唯一的武器就是一支笔。他把几令白纸当做唯一的弹药，毅然决然定要征服世界。

巴尔扎克现在有了一大优越条件，就是既知道了自己的工作才能，又知道了自己要干什么。过去10年的艰苦奋斗使他认识到自己的力量，并且他发觉，成功的决定条件是走向目标的坚定不移和专心致志。意志力要想造成奇迹，必须决不游移，决不在另外的方向上耗费精力。目的的单一，为专注的痴情而献身

1828年，巴尔扎克是一个被人雇佣的文丐，两三年后，巴尔扎克已是欧洲最有名望的作家之一。

——只有这样，才是力量的源泉，才是成功的保证。尽管为时已迟，他还是掌握了商业方面失败的道理了。他并未全身心投入其中，并未把全身每根纤维都集中在那上面；他未曾以真正商人的炽热本能去追逐每一个苏、每一张订单。他并未调动他每根神经使之紧张起来，也未将全部思想用于促进印刷事业，相反，他用了一部分时间去读书写作。如果他想再度从事文学生涯，他必得比以前更加全心全意地献身。情况十分有利，他以大批匿名作品取得了技法上的经验。又在经过与生活多方接触之后，积累了可用于肖像画的无尽的充足材料，他已侍候过100位主人，处理过所有摆在他面前的工作。如今年近三十，学徒年月已然过去。只有将全部意志投入工作，他才会成为自己的主人。

其实，巴尔扎克早就着手于他选为第一部真正小说的题材了。在他无数稿纸中有几张关于一本当时被称为《少年》的故事素描，内容是一桩反对法兰西共和国的旺代县叛乱事件。还有一些情节是打算放到另一本以西班牙为背景的匿名作品里的。可是，他的责任感使他认识到早期历史小说中史料使用的不确实性和错误性，还有，他如果选择了当代题材，他应该在真实的背景中看到现实环境并赋之以生命。他从图书馆借来当代人的回忆录，研究了军事报告，作了大量摘录。他发现，正是那些细小的、显然无足轻重的、然而真确的细节才能给小说以令人信服的生动活泼。没有真实与诚意就没有艺术，角色们如果不扎根于他们的环境中，就不能栩栩如生。他们必须在与土壤及环境的密切关系中显示出来，要呼吸他们那个时代的空气。自写了他的第一本独特的、有个性的小说以后，作为现实主义者的巴尔扎克便登上了文学的舞台。

这样有大约两三个月，巴尔扎克研究、阅读，找遍一切可用的材料，仔细披览地图、尽量精确地去确立队伍的行动和战役的地点。然而，即使最敏锐的想象还是不能代替由直接观察所得到的明确印象。运气总算很好，一位曾经参加过反对朱安党人的老共和国军人正好已经退休，住在福杰尔，那儿就是当时的战地，

当年，因与合伙人投资失败，巴尔扎克曾为了应付债主的追逼而东躲西藏，不胜其烦。他说："我需要一所房子，有庭院，有花园，可以安享宁静，当我生命的巢穴和刀鞘。"

而且这位老军人还是巴尔扎克家族的一位老友。于是他以轻妄的坦率向这位老军人致歉，说他由于经济状况危窘，不得不自我请求到后者家中小住，而这位老军人，在僻远的村居中大概十分烦闷吧，也像每位战士一样，高兴能遇到愿意洗耳恭听他往日战役故事的人，便回信说，巴尔扎克将受到欢迎。

他本来打算住两个星期，结果竟停留了两个月。他倾听这位老军人的怀旧之谈，写下笔记，进行写作。他忘掉了巴黎，忘掉了朋友，他生活在全神贯注的状态下，这种状态是获得成就的先声，他一心专注于工作，过了几个星期，就把新小说的几章交给巴黎的拉杜摄了。

1829年3月中旬，康奈尔出版公司发行了《最后的朱安党人或1800年的不列颠》，共4卷，著者奥诺雷·巴尔扎克。没有达到预期的成功。全书的布局和连贯性，第一次显示了伟大小说家的大手笔；场面的开展，技巧极为成熟。但德·维尔纳尔小姐这个角色，是从两三年前出版的用假名撰写的小说里移植过来的，写得很不真实。尽了最大的努力，头一年只卖出444部。巴尔扎克对自己过早的信任，又一次非得用现金补偿不可了。

还是巴尔扎克写《最后的朱安党人》的时候，出

巴尔扎克宣称，小说家的事业应当是现实主义事业，如果不在每一个细节上坚持真理，则小说将是毫无意义的。

版商勒瓦瑟尔到底发现了他住的地方，便去拜访了他，毫不客气地提醒他一笔200法郎的款子，那是一年以前为一本巴尔扎克要写的《商人手册》预付的。巴尔扎克早已忘记这笔交易。最后，巴尔扎克决定修订他的曾以《结婚生理学》为名的小册子，来顶《商人手册》。巴尔扎克采用了另一种风格进行修改，然而这本为清偿忘掉了的债务而纂辑的书，却写成了一本光芒四射、妙趣横生、圆润流利的作品。由于其中的大胆奇谈、侮弄性的魅力以及幽默的怀疑，而引起了热烈讨论，获得了意想不到的成功。虽然巴尔扎克还不算打开了道路，还不算成名，但是巴黎人的好奇心已被这位青年作者打动了。

道路虽然尚未打开，堤上一个裂缝却已形成，巴尔扎克巨大的创造性的能量以其如被禁锢的洪水般的威势像瀑布一样倾泻下来。仅在1830年和1831年这两年中，他写了许多短篇小说、长篇故事、报纸文字、谈话录、小品文和政治评论。如果把1830年印出的出自巴尔扎克笔下的70种真实作品和1831年印出的75种作品加到一起，那么他每天应该写出相当于一个印张的16页书，而在清样上所作的更改尚不计算在内。没有一种期刊或报纸不曾突然出现过巴尔扎克的名字。

如此多才多艺与如此机智，这些本身在巴黎新闻界并不算怎么了不起。可惊的是，在这种五光十色喧嚣的陈列之中，竟然也能找到完美的杰作，即使是一夜之间写成的，却能流传达一个世纪之久。《沙漠里的爱情》《恐怖下的插曲》《刽子手侯爵》《撒拉逊女人》这些作品一下子就把这位从不知名的作家显示出来，使人看到了一位以短篇小说技巧擅长的大师。

巴尔扎克顺着所选择的道路愈向前进，就愈加

明确他能做些什么。他的力量在前进的过程中日益增长。巴尔扎克以巴黎社会的世态画卷，如《女人之研究》、《30岁的女人》和《夫妇间的和平》，创造出一个全新的类型即"被误解的妻子"类型。1830年4月问世的《私人生活之场景》不仅在法国，而且在意大利、波兰、俄罗斯，都被人以同等的热情广泛阅读着。在同时代的成名人物中几乎没

　　"我将死于3万杯咖啡"　　据说巴尔扎克一生中喝下了"数以吨计的咖啡"，他自己发明了用3个品种咖啡混合冲泡，并且每天必须饮30杯！在巴尔扎克故居中还陈列着一把嵌有巴尔扎克姓名缩略字母的咖啡壶，这把咖啡壶用来加热他所谓的"现代兴奋剂"，陪伴了他所有的写作时间，须史不离。他曾说："我将死于3万杯咖啡。"

有一位曾写过任何作品能比得上《红色旅馆》那种简洁的描写本领，而《无名的杰作》，则以其才气横溢使批评家们大吃一惊之外，又显示了他天赋才能的深度。巴尔扎克的同行们尤其觉得，一切达于至善至美的冲动，这就是一切艺术深处的秘密，还从来没有以如此狂热的程度被逼到如此悲剧高度的。

巴尔扎克第一次表现出他真正的气质是在《驴皮记》里。正是在这个故事里他揭示出他的宗旨指向何处——小说是社会的横断面，上层与下层阶级，贫穷与富有，匮乏与奢侈，天才人物与小市民，孤寂顶楼的巴黎与热闹沙龙的巴黎，金钱的威力和它的无能，都杂糅在一起。敏锐的观察家与尖刻的批评家已经开始把真实感加到了那个勉强的、感伤的浪漫主义者身上。那些医生们的议论、高利贷者们的哲学，并不只是在沙龙中窃听而来的谈话的再现，而是真正角色们升华了的气质。

巴尔扎克以他心中的力量为自己开辟了一个前所未有的文学天地，他的幅员不可测，他的视野广阔无垠。从内心汹涌而出的丰饶和秩序井然，使他工作的底层平面图开始形成。

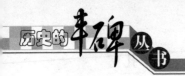

相关链接
XIANGGUAN LIANJIE

巴尔扎克名言

无知是迷信之母。

人之相知贵知心。

母亲是人类情绪中最美丽的，因为这种情绪没有利禄之心掺杂其间。

实笃有规律的生活原是健康与长寿的秘诀。

一个能思考的人，才真是一个力量无边的人。

尊严不是美德，但它是一切美德的根本。

遵守诺言就像保卫你的荣誉一样。

问号是开启任何一门科学的钥匙。

爱情是回忆的宝库。

家庭将永远是人类社会的基础。权力和法律的作用是在这儿开始的。

婚姻产生人生，爱情产生快乐，快乐消灭了，婚姻依旧存在，且诞生了比男女结合更可宝贵的价值。故欲获得美满的婚姻，只需具有那种对于人类的缺点加以宽恕的友谊便够。

黑色液体

> 使其成功的黑色液体，却成为
> 其走向死亡的催化剂。
>
> ——题记

　　1828年，巴尔扎克是一个被人雇佣的文丐，破产了，债台高筑；是一位承认蹲在家里乃是为了节省衣服的穷鬼。两三年后，巴尔扎克已是欧洲最有名望的作家之一，报纸杂志争索他笔下的文稿，他受出版家的谀媚，他被倾心读者们的来信给埋起来。一夜之间，他青年时代的理想差不多要实现了。丰硕的成果，来自辛勤的汗水，辛勤的耕耘。让我们看一看巴尔扎克写作生活的一天，几千天中典型的一天。

　　晚上8点钟。巴黎市民早已做完一天的工作，离开了办公室、商店、工厂。跟家人或者朋友，或者独自一人，吃完晚饭之后，他们涌上大街闲荡，或者坐咖啡馆。而巴尔扎克还独自睡在昏暗的屋里，在书桌上消磨了十六七个小时之后，对人世一所无知。

9点钟。戏院幕布已经升起，跳舞厅里挤满了回旋的舞伴，赌场里回荡着金币的叮当声，而巴尔扎克仍然大睡。

10点钟。这里那里的灯光在熄灭，老人们想着上床了，听不到几辆马车从石子路上辚辚驶过了，城市的闹声渐渐低沉了——而巴尔扎克还在睡觉。

11点钟。戏院里最后的幕已经落下，最后的客人从舞会和沙龙里出来，正在回家。饭店已在打烊，最后的行人已从街头消失，喧嚣的醉汉们的最后一阵噪声消失于边远的街道而缓缓远逝——而巴尔扎克还在睡觉。

子夜。百万双眼睛都合上了，现在别人休息了，那就该是巴尔扎克工作的时候了。这个时间，没有人会来打扰他，没有访客会来麻烦他，没有信件来使他不安宁，没有债主来按门铃了，也没有印刷商派人来非要再交一份稿件或校样不可了。

被仆人轻轻的剥啄声唤醒后，巴尔扎克起身，穿上袍子，只要穿着它，他一定会摒弃尘世和尘世的引诱。一条编织的带子松松地系在这件僧衣上，并且在挂十字架和披着肩衣的地方挂了一柄裁纸刀和一把剪子。在屋子里踱了几圈，使残余的睡眠从脑子里清

除，使血液在脉管里循环更快一点儿，这样巴尔扎克
准备好了。

仆人点燃银烛台上的6支蜡烛，拉紧窗帘，巴尔
扎克坐到桌子旁边。再环视一下，确知每件东西都已
适居其位。巴尔扎克坐上椅子向后一靠，卷起大袍袖
子以使双手活动自如。然后他自我鼓励，对自己说些
半开玩笑的话，就像马车夫吆喝马儿拉车一样。

巴尔扎克写了又写，从不停顿，也不犹疑。想象
的火焰一旦燃着，就会长久熠耀。就像森林失火，火
舌从一棵大树跳到另一棵大树，在进程之中愈烧愈
炽，愈来愈猛。纵然笔触飞驰，文字总赶不上思路。
他写得愈多就愈写简字，为了不必拖慢思想，决不能
让内心的景象中断，他的笔再也不能从纸上提起，一
直要到痉挛强迫地松开手指，或者字迹已在眼前飘
动，疲劳得已经头晕眼花的时候。

街上静悄悄的，屋里唯一的声音就是翻笔滑过纸
面的喳喳声或者一张稿纸加到写好的一叠上的沙沙
声。外面天快亮了，巴尔扎克却看不见。他除了自己
造成的世界以外，就是白天烛光所投出的小小光圈。
他全不知道什么空间时间。

不过机器也有时而停歇之时，即使最不过限量的
毅力也不能无限延长人体的自然限度。巴尔扎克在不

间断地写作五六小时之后，也感到必须招呼暂停了。手指发酸、麻木，眼睛开始流泪，脊背酸痛，太阳穴悸动；神经也不能再紧张下去了。然而骏马必得跑完

←巴尔扎克塑像

规定的路程，即使他已在兴奋中跌倒。如果这匹懒骨头不肯保持原来的快速步伐，那就得借助鞭子了。巴尔扎克从椅子上站了起来，走近放着黑色液体——咖啡的桌子。

咖啡的黑色液体是再开动机器使用的油；巴尔扎克看它比吃饭睡觉都重。他恨烟草，烟草不能刺激他达到工作所需的强度。对于咖啡，他却大加赞唱："咖啡滑下去到了胃里，它就把一切推入运转。思潮犹如大军中各路纵队勇往直前。回忆汹涌而来，大旗高擎，将队伍带进战场。轻骑兵奔驰在前。思维的逻辑如炮兵拖着辎重和炮弹隆隆而来。清晰的观念作为狙击手加入斗志。角色们各着衣冠，稿纸上铺满黑色。战争在黑色液体的流注中开展，然后完善，就像真实的战场包围在火药的黑暗中。"

没有咖啡巴尔扎克就不能工作，至少不能按正常的方式来工作。纸笔之外，巴尔扎克所到之处都要带上"咖啡机器"，这件不可缺少的装备，其重要不亚于他的桌子。他很少让旁人去准备咖啡，因为旁人不会把这兴奋剂的毒药做得如此浓黑有劲。并且，正像一个人迷信某种拜物教一样，巴尔扎克只用某一种特别的纸张和某种形式的笔，由于同样原因，也要按照一种专门配方去配制咖啡。一位朋友记载过："他这咖啡包括3个品种——波蓬、马提尼克和摩沙。他买波蓬到蒙特布朗街，买马提尼克到老奥得莱特街，而买摩沙则要到圣日耳曼镇的大学街上的一家商店，名字我忘记了，虽然我曾多次在采购的远征中陪伴着巴尔扎克。每次都要半天的旅程，横穿巴黎。不过对巴尔扎克来说，好咖啡是值得这么麻烦的。"

　　这种黑色液体是他的鸦片。因为同一切毒品一样，咖啡也愈喝愈浓，如果要它保持效力，巴尔扎克就不得不愈来愈多地吞食这杀人的精灵，才能跟得上神经上日益增加的负担。谈到他的一本书时，他说那书得以完成全靠"咖啡河"的帮助。1845年，在将近二十年的沉溺之后，巴尔扎克承认整个机体都由于不停地求助于这种刺激品而中毒，还抱怨刺激品的效力愈来愈差了，并且说它还使他胃痛得厉害。如果说他那5万杯咖啡加速了《人间喜剧》庞大体系的写作，它们也要对心脏过早衰弱负责，那心脏本来强得像一口大钟。拿克加尔大夫——巴尔扎克的终身的朋友与医生，在巴尔扎克真正的死因上提出："与其说是多年心脏病发作，由于长夜工作和服用——毋宁说是滥用——咖啡而日益严重，他为了与人的正常睡眠斗争，不得不求助于咖啡。"

巴尔扎克的主要作品

巴尔扎克的主要作品包括《舒昂党人》《高布赛克》《苏镇舞会》《家族复仇》《夏倍上校》《朱安党人》《图尔的本堂神甫》《十三人的故事》《欧也妮·葛朗台》《高老头》《长寿药水》《驴皮记》《绝对的探求》《古玩陈列室》《赛查·皮罗托盛衰记》《扭沁根银行》《公务员》《搅水女人》《幻灭》《烟花女荣枯记》《贝姨》《邦斯舅舅》《农民》《老姑娘》《比哀兰特》《阿尔西的议员》《夏娃的女儿》《幽谷百合》《改邪归正的梅莫特》《三十岁的女人》《萨拉金》《红房子旅馆》《沙漠里的爱情》《无神论者望弥撒》《冈巴拉》。

　　钟鸣八下，门上于是有一声剥啄。仆人奥古斯督端着简单的早餐盘子走进来。短暂休息的时间到了。巴尔扎克从桌旁站起，他是从子夜伏案写到现在的。仆人拉开窗帘，巴尔扎克走到窗前，临眺他早已准备征服的城市。现在巴黎的店铺纷纷开门，在办公室和商号里，人们都在桌旁落座。

　　为了歇歇精疲力竭的身体，以便重整旗鼓去做等着他的更多的工作，巴尔扎克洗了一个热水澡。可是衣裳还没有穿上，门外脚步声便可听见了。第一个来人是索要写作中的小说的新章节的，就是昨晚写的墨迹未干的稿子。巴尔扎克所写的一切都得立即付印，不仅因为报馆或出版商正在等待偿付到期的债务，而且还因为巴尔扎克在他那昏昏沉沉的工作状态中并不知道他写什么，也不知道他已写成了什么。即使自己的敏锐眼睛也看不清稿子上的浓密丛林，只有在排印后，他才能逐段校阅它们。接着，从印刷所、报馆、出版商那儿来的信差带来了书页校样，那是他两夜以前所写、前一天送去付印的，还有更早交出的二校三校清样。整叠整叠的新印大样，常常有五六打，都是刚从校样机上拿下来的湿纸，铺满了小桌，等待他的关注。

　　9点钟。短暂的休息结束。对他的休息方式，

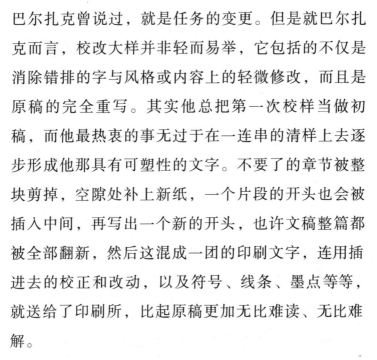

巴尔扎克曾说过，就是任务的变更。但是就巴尔扎克而言，校改大样并非轻而易举，它包括的不仅是消除错排的字与风格或内容上的轻微修改，而且是原稿的完全重写。其实他总把第一次校样当做初稿，而他最热衷的事无过于在一连串的清样上去逐步形成他那具有可塑性的文字。不要了的章节被整块剪掉，空隙处补上新纸，一个片段的开头也会被插入中间，再写出一个新的开头，也许文稿整篇都被全部翻新，然后这混成一团的印刷文字，连用插进去的校正和改动，以及符号、线条、墨点等等，就送给了印刷所，比起原稿更加无比难读、无比难解。

即使如此，巴尔扎克的工作还不过是在初级阶段。当巴尔扎克收到第二套大样时，他又是怒气大发，猛扑向前，重复修改六七次，只不过在后来的清样上他不大再毁掉整段文字，只修改句子，到最后就只限于调换单字而已。在他的某几本作品上，巴尔扎克重改清样多达十五六次，只此一事就可告诉我们他非凡的生产能力。

巴尔扎克把用来修改清样的三四个钟头戏称为"文艺烹调"，花去了整个上午。然后他推开纸堆，吃一顿简单的午餐来恢复精神，一个鸡蛋，一两块三明治，或者一点肉饼。他喜欢过舒服日子，喜欢老家杜尔式的厚味油腻菜肴，美味的腌肉，香脆的鲱鱼，多汁的红肉，而他熟悉本省的红酒白酒，就像钢琴家熟悉键盘一样，可是在他进行工作时，却摒弃一切奢侈。他懂得多吃使人怠惰，而他却是没有时间可以怠惰的。他甚至连片刻休息的时间都没有，马上他又把圈椅挪到小桌跟前，写下备忘材料，写一两篇文章或者写信。

快到5点钟的时候，巴尔扎克总算搁下白天的笔了。他一个人也不曾见到，连报纸也没有看上一眼，现在能轻松一下。仆人送上晚饭，有时他也许接见一位出版商或者一位朋友，但一般情况下他总是独自冥想的。所想的也许是围绕着他当晚要做的工作。8点钟，别人出去游乐，他去上床，并且立刻入睡。

这就是巴尔扎克一连气工作若干星期、若干个月的方式。他不能容忍

←巴尔扎克塑像

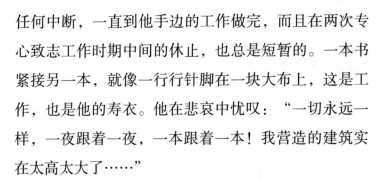

任何中断，一直到他手边的工作做完，而且在两次专心致志工作时期中间的休止，也总是短暂的。一本书紧接另一本，就像一行行针脚在一块大布上，这是工作，也是他的寿衣。他在悲哀中忧叹："一切永远一样，一夜跟着一夜，一本跟着一本！我营造的建筑实在太高太大了……"

若罗列巴尔扎克在这20年中的作品，再加上他的私人事情和商业交易，我们将格外惊叹。他没有一个呼之即来的秘书，总是单枪匹马，通信自理，商业自办。他书籍的每一页，函札的每一行，都是他亲手写成的；他安排合同，参与所有他被卷入其中的诉讼程序，都不用一个书记，不用商业代理或者专家顾问；他为家庭采购物品，他亲自向商贩订货；他殚精竭虑，已接近病态，时而他发现："有的时候我仿佛感到脑子着了大火，似乎我命定必将死在我的心灵的废墟上。"

然而，他的同代人都不知道他的真实天性，因为，巴尔扎克就像一个幽灵只被允许在那不属于它的世界遨游一样，一听到严峻的钟声就要被召回阴间，他只有短短几个小时来享受自由呼吸。然后，他就被召回孤寂的隐穴，回到他自己所创造的，那个对于他是唯一真实的世界。

相关链接
XIANGGUAN LIANJIE

巴尔扎克的文学成就

　　1829年，巴尔扎克的长篇小说《最后一个舒昂党人》出版，初步奠定了他在文学界的地位。1831年巴尔扎克发表长篇小说《驴皮记》，为他赢得了巨大的声誉，他成为法国最负盛名的作家之一。巴尔扎克早有把自己的作品联系成一个有机整体的设想。1841年，他在但丁名作《神曲》的启示下，正式把自己作品的总名定为《人间喜剧》，并在《＜人间喜剧＞前言》中宣称要做社会历史的"书记"。巴尔扎克认为社会环境陶冶人，因此应着力于"人物和他们的思想的物质表现"，认为作家应具有"透视力"和"想象力"，他还注重对地理环境和人物形体的确切描写。从1829年至1849年，巴尔扎克为《人间喜剧》写出了91部作品，包括长篇、中篇、短篇小说和随笔等，分为"风俗研究"、"哲学研究"和"分析研究"三个部分。其长篇小说包括《欧也妮·葛朗台》（1833年）、《高老头》（1834年）、《幻灭》（1837年至1843年）、《农民》（1845年）、《贝姨》（1846年）等。

艺术探索

> 深层次的探索是成功不可缺
> 少的条件之一。
>
> ——题记

　　早期的成功给巴尔扎克带来了信心，他感到自己掌握着一种力量。巴尔扎克知道自己的实力，觉得可以用笔锋去征服世界，犹如拿破仑曾经企图用剑去征服世界一样。不过，假如他注意的只是物质上的成功，像人们因阅读他的信件可能设想的那样；假如他希望的只是大规模地赚钱，那么他所需要从事的只是向读者提供他们吵嚷着要得到的读物就足够了。但是，他既已意识到自己的实力，他的灵魂就被一个更高目标的火焰所点燃，于是他冒着失去读者的风险，相当勇敢地、愈来愈甚地偏离这些人的趣味。他想要找到究竟什么地方才是他才能的止境，而它的范围之广袤，就连他本人在振笔疾书的时候也无法停止对自己的惊愕。

　　巴尔扎克在1832年至1836年创作的作品是以花样

繁多著称的，第一次接触这些作品的人们，一定感到十分的惊讶，《路易·蓝柏尔》和《西拉飞达》的作者居然会写出了《笑林》，而且，他是在同一时间内撰写这些作品的，就在他写下一篇《笑林的故事》的当天，他正在校改哲学小说的清样。这种现象只能解释为他有意考察自己的天才，看看究竟能达到多高和到达多低。正如一个建筑师在完成的建筑物设计之前，要计算、验证一下尺寸与应力，巴尔扎克也对自己的力量作出估计，奠定基础，在这基础上他的神圣的《人间喜剧》即将矗立起来。

《笑林》这本集子，是以拉伯雷的风格和巴尔扎克自己创造的古式法文写成的，纯系故事叙述，它能使自己的兴奋情绪任意驰骋。这些故事写来毫不费力，也无须什么深刻思想或细致观察，他只是把一种想法尽情发挥。显然，巴尔扎克十分欣赏以这种轻佻的情调来写作。在这里我们看到巴尔扎克在悠闲安逸地写作。假如生活对待他不那么粗暴，假如生活允许他呼吸得更自由一些，那么我们本该有100篇滑稽故事，那是他在对读者宣布的计划书里曾许诺过的，而不只是现存的30篇了。

这只是巴尔扎克天才的下限，是巴尔扎克献给自己先天气质的贡品。同时，巴尔扎克还在寻求他所能

→罗丹名作《巴尔扎克像》

《巴尔扎克像》

1891年，法国文学家协会委托罗丹雕塑一尊巴尔扎克像。罗丹说："我要做一番非同寻常的事业。"在罗丹10岁时，巴尔扎克就已去世。因此在形象的塑造上，他做了大量的阅读、考察和研究工作，前后完成了四十多件形象习作，着意刻画一代文豪的外貌和精神特征。罗丹说："我考虑的是他的热情工作，他的艰难生活，他的不息的战斗，他的伟大的胆略和精神，我企图表现所有这一切。"

罗丹塑造的巴尔扎克是个夜间漫步的形象。巴尔扎克习惯于夜间穿着睡衣工作，所以罗丹让他披着睡衣在星空下沉思，那宽大的睡衣包裹着屹立的巨人。据说在原来所作的小稿中，巴尔扎克有一双完美的手。罗丹在征求他的学生、助手布尔德尔的意见时，布尔德尔赞美道："他这双手雕得太好了！"罗丹听后拿起锤子就砸掉了这双手，因为他怕这双手过分突出，而让人忽略了主要的部分。现在人们看到的巴尔扎克，双手被睡袍紧紧遮盖，面部精神被突现了出来，在月光下好像独自整夜在行走、思考。

达到的最高峰，在他称为"哲学的"那些著作里。"手帕的成功"即让眼泪涌入读者眼眶中的才能，并不使他满足。现在，他已经达到了成熟阶段，完全意识到自己的力量，他宣称，像他这样地位的小说家，已负有重任，要把小说水平提高到崇高的艺术形式上去，其方法是处理有关人类的决定性问题，无论是社会的、哲学的，还是宗教的。他要对比两种人，一种服从社会律条，适应社会常规；而另一种人则超越常人遵守的界限。其目的就在于描绘真正领袖和所有那些人的悲剧，他们或者高抬自己超越常人而敢于特立独行，或者把自己禁闭在本人所创造的幻觉之中。给巴尔扎克带来个人失败的那一生活时期也正是他表现得最大胆的时期。

在这些小说里巴尔扎克试图摹写那种人物，他们使自己承担重大的事业，并且因过分努力而结局悲哀，那是一些最后与现实失去联系的天才。路易·蓝柏尔是他在这一领域的第一个尝试。这是一个哲学家形象，他打算解决人生的最高问题，而最后沦于疯狂。这是一个主题，在它上面他用种种方法把一切想象得到的花样加以翻新。在《无名的杰作》里，他指出一位画家的命运，他在追求完美的幻想冲动中，竟超出于完美之外。可以说，他的过分努力破坏了他在其中

进行工作的素材，正像路易·蓝柏尔的想法最终变成了不可理解的。音乐家钢巴拉步出了艺术界限之外，直到只有他一个人听得懂他自己所创造的和声，正像只有路易·蓝柏尔才懂得自己的想法或只有佛兰荷夫才懂得自己的幻梦一样。在《绝对之追求》里，化学家克拉埃在基本元素的寻求中毁灭了自己。

与这些艺术和科学中的天才并列，巴尔扎克又在《乡下医生》和《西拉飞达》里安排了道德上和宗教上的天才。前一本小说的灵感间接归功于对一位朋友的拜访。一次外出，巴尔扎克听到邻近有一位医生，一位罗梅尔大夫，他曾以慈善活动垦殖了一块弃地，复

巴尔扎克知道自己的实力，觉得可以用笔锋去征服世界，犹如拿破仑曾经企图用剑去征服世界一样。

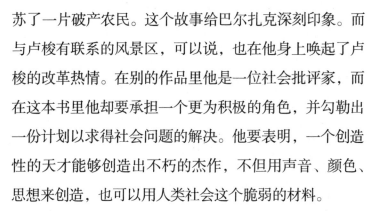

苏了一片破产农民。这个故事给巴尔扎克深刻印象。而与卢梭有联系的风景区，可以说，也在他身上唤起了卢梭的改革热情。在别的作品里他是一位社会批评家，而在这本书里他却要承担一个更为积极的角色，并勾勒出一份计划以求得社会问题的解决。他要表明，一个创造性的天才能够创造出不朽的杰作，不但用声音、颜色、思想来创造，也可以用人类社会这个脆弱的材料。

　　也许更大胆的要算把"西拉飞杜斯——西拉飞达"性格化这个企图了。柏那西斯博士退出了世界，为了创造一个更好的世界，而巴尔扎克要用这个形象去描写一个人成功地摆脱了一切人世的罗网，将爱情完全升华到理性爱情上去，使得一切色情气味荡然无存。如果用最高标准衡量，《乡下医生》和《西拉飞达》都不算成功。因为他们的笔调都过于轻描淡写，而把一个对现实有强烈感受的人作为宗教反对家呈现在书中，不合乎人物性格。他的哲学小说作为艺术作品并未达到最高水平，只不过是他的最高抱负的归宿罢了。

　　在讲故事人和思想家之间，站着五光十色的生活的观察家。巴尔扎克的真正专长是现实主义，他在小说里才能找到思想平衡，通过小说，他被看成那个时代的历史家。巴尔扎克的第一个大成功是《夏倍上校》，第二个成功是《欧也妮·葛朗台》。巴尔扎克已发

现写作的规律——即描写现实，但是要用更强的活力，因为典型只限于很少的几个人物。在这以前，他曾试图到浪漫主义范围里去寻找小说的本质，一方面写时代的故事，另一方面采取玄幻或神秘的内容。然而，现在，他已经发现，如果从正当的角度观察，当代的生活也会充满同样生动、同样丰富的景象，还有，重要的不是题材或布局，而是内在的活力。如果作者能使人物足够紧张并赋予他们以适当的行动，同

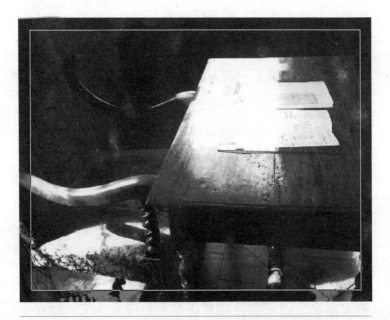

　　巴尔扎克的书房保存得很完整，一张小书桌格外引人注目。因为这小桌曾见证了主人的忧虑、痛苦及欢乐。巴尔扎克在致韩斯卡夫人的信中写道："我写作时手肘总在相同的位置移动，都快要把桌面磨穿了。"

样的效果会以更真切、更自然的方式取得。活力并不存在于气氛或情节里，而是存在于人物本身。世人本无特殊的原材料，因为一切都是原材料。

在种葡萄人葛朗台的简陋屋顶下，空气也可以跟《30岁的女人》的海盗船舱里有同样浓的火药味。当平凡而单纯的少女欧也妮·葛朗台，在贪婪父亲眼光的威胁下，给她心爱的堂弟查理的咖啡杯里多放一块糖时，她表现出来的勇气并不亚于拿破仑指挥军旗冲过洛蒂桥的时候。可见重要的并不在于环境。

《高老头》里的芜桂学舍和那12个年轻学生，所包含的戏剧成分的可能性相当多。所以，创作需要的是正确的观察，是集中，是加强，是汲取最大量的生活内容，揭示感情，暴露最强者身上的弱点，把内在潜伏着的力量挖掘到表面上来。欧也妮·葛朗台就是他走向这个方向的第一步。这位朴素、虔敬女子的献身被抬高到几乎是宗教性的程度，而同时老葛朗台的贪婪和丑陋的老女仆的忠实被赋予魔鬼式的强烈。高老头对孩子们的疼爱变得着了迷，逼着他去行动。每个人物的秘密都为作者所深知。作者只需将他们一一对立，把不同的世界给混杂起来，只消按事实取其善或取其恶，接受怯懦、狡猾、卑鄙，都作为自然力量而无须对道德进行考虑。

巴尔扎克在对艺术的探索中发现了极大的秘密
——一切东西都是原材料,现实就是个取之不尽的矿
源。只需从正确的角度去观察,每个人就会变成了人
间喜剧的一个角色,高低之间并无区别。你能选择一
切,你也必须选择一切,这就是巴尔扎克探索到的决
胜之点。一个作家想要描绘世界,那么他对世界的任
何一个方面都不容忽略。社会阶梯的每一等级都应该
被表现,无论是艺术家还是律师和医生,以及葡萄种
植人、看门人、将军与士兵、公爵夫人与街头卖淫
妇、挑水人与银行家,都无例外。所有这些范围都相
互交织着。他们彼此都有联系。与此类似,各种类型
的人物都应登上舞台、无论野心家或吝啬鬼,高洁之
士或鬼蜮之徒,勤俭者或败家子——凡属于"人"这
个品种的各色行为的各种方式,都要让他们表演。并

巴尔扎克以无与伦比的力量为人
类开辟了一个前所未有的文学天地

不需要接连不断地创造新角色，因为只要用适当的组合，同一形象可以重复出现，一个或两个医生就可以代表一切医生，一位银行家就是所有银行家的样板，这样，就可以在一部小说的范围里压缩大量材料。

巴尔扎克越来越清楚，如果要把如此丰富的素材加以控制，他就该定下一个工作计划以占有他后半生的整个时间。他不应只把他的小说一部一部单独地安排，而应该使它们嵌合为一个整体，他要成为一位"司各特兼建筑师"。单创造出一幅幅"独个生活的图画"，那是不够的，因为最重要的是作品之间的互相关联。

这时，巴尔扎克还没有很好地认识到他的《人间喜剧》所包容的整个范围。又过了10年时间，巴尔扎克才使这个计划在脑子里清楚地固定下来。不过，有一桩事情已经确定，他的全集不应是一本本孤立的作品的拼合，而应该以系列性的步骤把它建造起来。1834年10月26日，当时他还不知道他的工作将有何种规模，他就给自己的规划勾出了一个大致的轮廓：

到1838年，巨大工作中的三个部分将完成到这种程度。在"风俗研究"中，社会情况的一切反响都要描述。打算描绘生活中每一情景，每一姿态，每一种男女性格，每一种生活方式，每一种职业，社会的每一阶层，法兰西的每一个省，生活的童年、盛年和暮年，政治、法律和战争——不得疏漏一项。

然后，就进行第二阶段——"哲学研究"。效果的描写之后应继之以原因的描写。在"风俗研究"里，将说明感情、生活和生活的结果之间的相互作用。在"哲学研究"里，将谈论感情的来源和生活动力的原

因。将提出一个问题——只要缺了它们，社会和个人的生命就不能延续下去的那些作用力量、那些条件，究竟都是什么？用这个方式讨论了社会之后，将用批判的眼光去考察它……

最后，继原因与效果的描述之后，要进行的就是"分析的研究"了，其中一部分就是《结婚生理学》，因为在原因和效果之后，我们就应该追求原则。

带着对自己从事的事业的惊人热情，他喊道："这是我的工作，一个深渊，一个火山口，它在我面前张开了。这就是我要加工的原材料。"

巴尔扎克面前摆着毕生的工作，这个认识决定了巴尔扎克未来的道路。1833年9月，他以高度的自信写道："我将统治欧罗巴的文化生活而无一对手！再有两年的工作和耐心——那时我将踏过那些人的头顶，他们是曾想捆绑我的双手、阻止我前进的！在迫害和不义之下，我的勇气已经坚硬如青铜。"

有了十足的自信，巴尔扎克下定决心不与任何人谈判。他再也不会迁就出版商和报纸编辑的愿望了。巴尔扎克对出版商口授条件，如果这些人不能完全答应他的要求，他就毫不犹豫地另找他人。即使经济状况极为困难，如果他们自由处置他送去的稿件，他也放弃同最有影响的杂志合作。他还盛气凌人地不理睬

新闻记者。这些人相信他们是控制舆论的，让他们去
指责这一部或那一部小说吧！要阻止他那包罗万象的
巨厦的完成，他们可没有力量！让他们攻击吧，让他
们在卖弄小聪明的短栏里取笑他吧，让他们用恶意的
传闻和漫画来讥笑他吧！他将在小说里进行报复，揭
破这一派系的势力与无能。虽然债主们可以用赎回期
票和法律诉讼来苦恼他，虽然他们可以没收他的家具
作为抵押，他们却绝不能从他所建设的世界取走一块
石头或一粒沙土。计划既已定妥，任何东西都无力再
使他动摇，因为他确实感到有一种内在的力量足以完
成这一项工作，这项工作唯有他才敢于计划，唯有他
才具有这种天才能够使之完成。

　　巴尔扎克的真正专长是现实主义，他在小说里才能找
到思想平衡，通过小说，他被看成那个时代的历史家。

巴尔扎克的创作时间表

伟大的批判现实主义作家巴尔扎克在他二十多年的写作生涯中，写出了91部不朽的传世之作。在这些作品中，他一共塑造了二千四百多个不同类型的人物形象，给后世子孙留下了宝贵的艺术珍品。人们不禁要问，巴尔扎克是怎样利用这样短暂的时间来创作这么多的世界名著的呢？巴尔扎克有个创作时间表：从半夜到第二天中午工作，也就是说在椅子上坐12个小时，专心修改稿件和写作。然后，从中午到下午4点阅读各种报纸杂志，5点用餐，5点半才上床睡觉，到半夜又起床继续工作。法国一位传记作家说："每三天巴尔扎克的墨水瓶就得重新装满一次，并且得用掉十个笔头。"

《人间喜剧》的诞生

我从这里甚至在经济细节方面所学到的
东西，也要比从当时所有职业的历史学家、
经济学家和统计学家那里学到的还要多。
——恩格斯

"每样事情都越来越糟糕——我的工作和债务都如此。"巴尔扎克用这样一句话概括了他在40岁上的处境。

在这种极端压力下，他不得不违反自己的意愿去投机戏剧，为舞台写作。依靠他集中的意志力量和内心全部能力的运用，本来也同样有可能取得戏剧技巧上的成就，像他在小说方面所显示的那样。可是这种集中与一心一意的献身戏剧，本不在巴尔扎克计划之中。目前他仅仅把戏剧看做容易捞钱的手段罢了。

尽管巴尔扎克期待着享受巨额酬金，而他关于戏剧的要求却如此漫不经心，甚至于都不肯麻烦自己去寻找一位通晓舞台技术的合作者。胡乱地找到了一个名叫查理·拉萨伊这个为他卖苦力的人，不久七拼八凑

推出一部《伏特冷》，这几乎是过去100年中法兰西舞台上最可怜的作品。

当报纸兴高采烈添油加醋地渲染巴尔扎克在戏剧上的失败的时候，当批评家、新闻记者和一些观众都在幸灾乐祸的时候，他正在继续撰写《人间喜剧》。那些家伙的冷嘲热讽都不曾阻止他以毫不动摇的坚韧把他的头脑和笔杆贡献给对他来说最为真切的世界。此时，他完成了《幻灭》宏伟的第二部分，同时还继续写作《妓女们的盛衰》和《古物陈列室》，以及那本雄心勃勃设计的，然而并不很成功的小说《柏阿特里斯》。他还写出两本十分完美的作品，即政治小说《一桩可怕的故事》和非常写实的《搅水姑娘》；还有《两个新婚女郎的回忆》；短篇音乐故事《玛西美拉·杜尼》，是这类作品中的杰作；还有《错误的情妇》《雨儿胥·米露埃》《马尔卡斯》《毕爱丽黛》《夏娃的一个女儿》《卡迪昂王妃的秘密》《地区的才女》《加尔维尼教的殉道者》和《皮埃尔·葛拉苏》。另外，他发表了12篇杂文，准备好了《乡村的教士》的初步轮廓，起草了《夫妇生活的小悲剧》的几个片段。

在这风狂雨暴的4年中，巴尔扎克的文学产品又一次在分量上和价值上都足以与任何一位其他作家的毕生成就相匹敌。没有任何浸透了生活的外部混乱的痕迹侵入到他那创造性的清醒梦境中。当他一心从事写作时，他被深深吸引住了，其中有很多篇，无论在文风的精练上，还是在松散赘语的克制上，都超过了他所有从前的故事，尤其是后一种毛病，他过去是常常不能自已的。他在艰苦的人生学校里越向前进，他的作品就越加写实。他以日益敏锐的和怀疑的灼见，深入到社会组织的核心，对构成社会整体的互相交织成分的理解也越来越带有先知性。

到了43岁时，巴尔扎克的经济压力更大了。但他却总保住他最后一个经济资源不被触动，他一直谨慎地保留自己出版全集的权利。不论多么困窘，他都无一例外地避免出让版权，至少使它不超过一定版次。尽管他在其他方面如何慷慨和懒于开动脑筋，他总是拒绝割让他最宝贵的财产。直至等到，能够向他的朋友和敌人炫

巴尔扎克的母亲年轻貌美，却冷酷无情。

耀他那不可磨灭的创造性的全部值得骄傲的范围和内容的时候。

现在到了巴尔扎克向他亲爱的恋人德·韩斯卡夫人求婚的时候了，同时向全世界显示财富的时刻也已经到了。他要刊行全集的打算刚一宣布，至少有3家出版商联合起来，愿为这件重大事业投资，这项出版事业每年都会有新作品加进去的。合同签订于1842年4月14日，巴尔扎克把出版权授予杜保晒、福尔纳和赫齐尔3家出版公司。

按照他们的判断，在他们认为合适的时候，他们有权利印两版或三版所有已经出版了的著作，或在合同有效期间可能发表的作品，第一版均为3 000册。

巴尔扎克接到了15 000法郎的预支，进一步的版税则须在卖出4万册之后按每册50生丁计算。这样一来，他就保证有了固定的收入来源，这收入肯定还会逐年增加，合同中唯一的限制条款倒是他很愿意接受的。如果清样校对费用超过了每页5个法郎，他就得自掏腰包偿付。因为他抵抗不了润色文字的诱惑，只要印刷商愿意送去另一次校样，巴尔扎克的校对账单便积累到了5 224法郎又25生丁。出版商不喜欢"全集"这个名称，这名称过于平常，不足以引起读者的注意。他们要求他想出一个书名，它必须强调有同样

←巴尔扎克的父亲

人物再现的名册之间的系列性和能体现出在高度上和深度上都很高明的社会小宇宙。

巴尔扎克同意了。10年之前，在他帮助菲力士·达凡准备写小说集引言时，他已经意识到，他的目标是面向着人类社会整体的，在这整体中，每一部书代表这个结构的一个阶段。现在的问题就是要找到一个书名，它要表达这部作品的整个范围。他盘算了各种建议，最后，灵感又帮助了他。德·柏罗瓦——他的朋友和前任编辑秘书，刚从意大利回来，他在那里研究意大利文字，读过原本的《神曲》，这给了巴尔扎克一个启发，把他那些收集在一起的故事表现为世俗的喜剧，来跟但丁的神圣的喜剧对比，拿社会大厦来跟神学大厦对比。还有什么书名能比《人间喜剧》更合适呢！

巴尔扎克手舞足蹈，甚为得意，出版商也同样感到高兴。不过，他们还要求他，为这部全集写一篇序

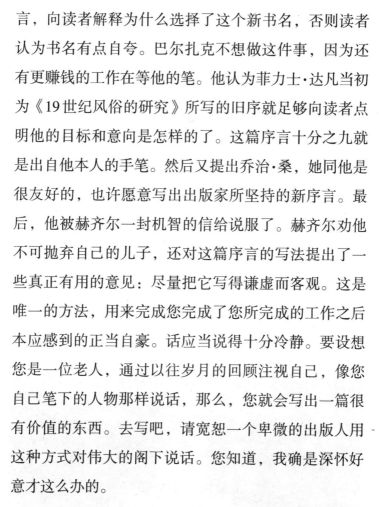

言，向读者解释为什么选择了这个新书名，否则读者
认为书名有点自夸。巴尔扎克不想做这件事，因为还
有更赚钱的工作在等他的笔。他认为菲力士·达凡当初
为《19世纪风俗的研究》所写的旧序就足够向读者点
明他的目标和意向是怎样的了。这篇序言十分之九就
是出自他本人的手笔。然后又提出乔治·桑，她同他是
很友好的，也许愿意写出出版家所坚持的新序言。最
后，他被赫齐尔一封机智的信给说服了。赫齐尔劝他
不可抛弃自己的儿子，还对这篇序言的写法提出了一
些真正有用的意见：尽量把它写得谦虚而客观。这是
唯一的方法，用来完成您完成了您所完成的工作之后
本应感到的正当自豪。话应当说得十分冷静。要设想
您是一位老人，通过以往岁月的回顾注视自己，像您
自己笔下的人物那样说话，那么，您就会写出一篇很
有价值的东西。去写吧，请宽恕一个卑微的出版人用
这种方式对伟大的阁下说话。您知道，我确是深怀好
意才这么办的。

　　巴尔扎克坐了下来，开始写那篇著名的《〈人间喜
剧〉序言》。的确，这篇文章比起我们平时所期待于他
的要更加平静而客观些。以务实的明智，他认识到赫
齐尔的劝告是很有道理的。他也很成功地在他的主题
的广博宏伟与人们教他要实行的个人谦卑之间，找到

了中庸之道。

　　于是，巴尔扎克这样发挥他文章主题的核心：机会对所有小说家来说是最重要的。要想有创造性，一个人只有去研究机会。法兰西社会是真正的历史学家，我不过打算指导它的笔杆罢了。记录了社会上善与恶的清单，选择了社会事件中最重要的，以连结几个同样构成的角色而铸成典型。我恐怕已写成了道德的历史，这方面很多历史学家都忘记去做了。

　　巴尔扎克的努力就是要为19世纪法兰西写一部作品。他想要描绘他这一世纪的社会，并同时揭破这社会的秘密动因。在这里巴尔扎克宣称，小说家的事业应当是现实主义事业，但是他也明白地加上，如

←巴尔扎克塑像

　　巴尔扎克这个名字将长留于我们这一时代，其光辉业绩也永载史册。

果它不在每一细节上坚持真理，则小说将是毫无意义的。但他应该同时无意识地发出要求一个更美好的世界的呼声。他的计划的大轮廓是：《私人生活之场景》描写童年和青年，说些他们常办的错事，《外省生活之场景》表现冲动、算计、自利和野心的年月，《巴黎生活之场景》最后描写各种不同的趣味和恶行，加上一切放肆的行为方式，这是各大都城礼仪和道德的特征——因为正是在这种地方善与恶相遇时，其反响最强。……在这三部分里描写了社会生活之后，我还面临着另外的任务，就是表现那些处于例外环境中的人们的生活，在他们身上，吞没了一切人或许多人的利益，然而他们，可以这样说，却又逍遥法外。这个任务引导我去写《政治生活之场景》。完成了这一幅社会巨大图景之后，我是不是应该揭示社会在它最猛烈的方面。是如何行事的呢！……关于这一方面，我写在《军旅生活之场景》里了。……最后是《乡村生活之场景》，它将在我长期劳作结束之时出现。

巴尔扎克在结束他的序言时奏响了有力的和弦：这个计划不只包括了社会的一段历史和对它的批评，还包括了一个对于社会罪恶的分析，社会原则的阐述，我相信，它的难以测量的规模使我有理由给我的作品加上现在的名字：《人间喜剧》。这是不是太狂妄呢？它果真配得上这个名称吗？在全书完成之后，读者们自会裁决。

书名并不狂妄，这是后世的定评。尽管我们今天所有的这部作品仍然只是躯体而缺乏四肢。当他还在着意把他的理想构成完美的整体时，死神夺去了他的笔。《人间喜剧》包含的实际只有两千个左右的人物。不过，还有些人物处于酝酿中，这从巴尔扎克于1845年预备的一张单子即可看出。这张单子上他列举了已经出版了的小说名称和还没有写出的书名。在他提到的144种书名里，始终是有目无书的至少不下于50个。然而，即使是这个计划，已经足够表明他高超建筑师的技能。毫无疑问，如果他活下去的话，他本会写出这些作品来的。以他所具有的富于幻想的能力，任何呈现在他想象之中的东西都毫无例外地被他勾画出形态和姿容。要完成这个计划，他所缺少的只是时间，而时间在他那短促忙乱的一生中总是不够的。

巴尔扎克在向世界宣布他毕生的作品行将问世的时候，心里一定充满了宁静和自豪感。这是第一次，他揭示出他所趋向的目标，在自己和同时代作家之间画出了一条分明的界线，这些人之中没有一个有勇气和抱负敢于想到这样的巨大事业。他已完成了他所计划的五分之四了。再有几年，这座大厦的结构就可完成。

　　巴尔扎克清楚，如果要把丰富的素材加以控制，他就该定下一个工作计划，以占有他整个后半生的时间。

相关链接

XIANGGUAN LIANJIE

《人间喜剧》的三大主题

《人间喜剧》展示了法国社会的整个面貌，其社会历史内容可以归纳为贵族衰亡、资产者发迹、金钱罪恶，被称为三大主题。

第一主题：贵族衰亡

《人间喜剧》写出了资产阶级以充满铜臭味的金钱为炮弹，在三个战场上，发起对封建阶级的猛攻，使贵族连遭惨败。

第一战场：老一代被金钱打倒。代表作是《古物陈列室》《农民》。

第二战场：新一代被金钱腐蚀。代表作是《高老头》。

第三战场：妇女被金钱轰走。表现为太太们情场失意，小姐们婚姻不幸这两个方面。代表作是《弃妇》《苏城舞会》。

巴尔扎克的阶级同情，是在注定要灭亡的贵族一边的，然而他同情的泪水挡不住他现实主义的目光，他不得不违背自己的阶级同情和政治偏爱，如

泣如诉地描绘了他心爱的贵族阶级的必然没落而不配有更好的命运。正如恩格斯所说："他的作品是对上流社会必然崩溃的一曲无尽的挽歌。"

第二主题：资产者发迹

在《人间喜剧》中，巴尔扎克成功地塑造出一系列取代贵族而入主社会的资产者形象，大致由三类人构成：

1.具有资本原始积累时期特点的老一代资产者形象。代表人物是《高利贷者》中的高布赛克。剥削方式单一，经营手段落后，生活方式陈旧，极端吝啬，这是资本主义早期剥削者的特点。

2.具有过渡时期，即自由竞争时期特点的资产者形象。代表人物是《欧也妮·葛朗台》中的老葛朗台。剥削方式具有多样性，经营手段带有投机性；生活方式仍带有早期资产者极度吝啬的特点。

3.具有垄断时期金融寡头特征的新一代资产者形象。代表人物是《纽沁根银行》中的纽沁根。剥削方式带有更大的冒险性和欺骗性，经营手段超越经营范围，向政权渗透；生活方式现代化，纸醉金迷，穷奢极欲。他展示了经济命脉的掌管者同国家政权的掌管者开始勾结的垄断资本已初露端倪。

《人间喜剧》通过老一代的高布赛克、过渡时期的葛朗台和青春期的纽沁根这三代人追逐金钱的经营史，再现了资本主义剥削方式的演进史，这也是资本主义由崛起到成熟，到统治全世界的发迹史。

第三主题：金钱罪恶

1.毁灭人性，败坏良心。金钱调动起全社会所有成员的卑劣情欲，人人都毫无例外地追逐金钱，它把一切统统淹没在利己主义的冰水之中，导致良心萎缩、野心滋长、道德堕落、人欲横流。代表作是《高老头》《贝姨》。

2.毁灭爱情，败坏家庭。金钱成为夫妻结缘的唯一纽带。爱情、婚姻、家庭都是以金钱为轴心而展开的，金钱导演出一幕幕悲剧、喜剧、丑剧和闹剧。代表作是《欧也妮·葛朗台》《夏倍上校》。

3.毁灭社会，败坏国家。金钱犹如无孔不入的黄色魔鬼渗入全社会的各个角落，收买了当权者的人心，使大人物堕落为"衣冠禽兽"。金钱毒染了整个上层建筑包括文学、艺术的神圣殿堂。金钱成为国家政治权利的杠杆，无所不能的真正的主宰。代表作是《幻灭》《交际花盛衰记》。

荣登殿堂

> 不朽的业绩是可以衡量人生价
> 值的。
>
> ——题记

巴尔扎克像一座小说加工厂，《人间喜剧》的新篇章被源源不断地加工出来。头两册是《私人生活之场景》和《巴黎生活之场景》的修订本。但他正在写他认为最重要的著作之一——《农民》的时候，刚写了几章，却突然地中断了。弹簧拧得太紧了，即使是巴尔扎克的精力也有限度，他的活力已应付不了他的要求了。

健康的亏损已慢慢开始，正如1844年4月巴尔扎克所写的："我已陷入抵抗不了的昏昏欲睡的境地。体力已经拒绝服从意志，它要求休息，它已经对咖啡不再有反应了。我喝的咖啡成河，希望能够完成《谦虚的米侬》，但效果并不比喝白水强多少。我三点钟醒来，但又睡下。八点钟吃罢早饭，又被睡魔制伏，终于又昏昏睡去。"

　　巴尔扎克脸部的肌肉经常痉挛，他也大受肿胀、头痛、视神经抽搐之苦。他开始怀疑他是否还有力量去写《农民》的第二部分："我进入了一个新阶段，可怕的神经不安，咖啡过量所导致的胃病。我必须完全休息。这些前所未有的剧痛折磨了我三天。病初发时，我以为只是一时的小击。……噢！我疲惫得无法形容。今天早晨，我算算这两年我所写的共有多少——四大卷《人间喜剧》。今后二十多天里我什么事情也做不了，除了坐上邮车离开这里。"

　　不久以后，巴尔扎克又写道："你看我，精疲力竭，就像雅各跟天使搏斗以后似的。现在还有六卷和更多的作品等我去写。整个法兰西的眼睛和耳朵都盯着这即将出版的著作。根据书商的巡回报销员的报告

　　巴尔扎克的一生是短促的，然而也是饱满的，作品比岁月还多。

和我所收到的信件，这个事实无可置疑。《新闻报》又获得另外五千个订户。群众在等着我——而我却觉得只像一只空袋子。"

巴尔扎克为未能在《农民》或《小资产阶级》两书上有所进展而感到烦恼。然而，他艺术上的兴趣，债务的逼迫，使他昔日的雄心又燃烧起来。当他着手写《贝姨》这部书的初稿时，他已意识到它们的潜能，而创造性成就的喜悦又回到他身上。

但如期脱稿并不可能，一直到了这一年的 8 月底，这部书还未写完，好容易在稿尾上写了个"完"字，艰苦的清样校对马上又开始了。但巴尔扎克的身体已达到枯竭的状态，使他的医生大为震惊。正如巴尔扎克自己所记："他和他的任何一位医药同行都不能想象能使一个人的脑筋承担得起这样过度的劳累。他告诉我后果十分有害，他以阴沉的脸色一再重复这个声明。他恳求我至少要这种'大脑超额劳作'——这是他的用语——打断一个时期。他看到我在《贝姨》上使自己承受的紧张程度，这本书只花了我不足六星期的时间，他极感震惊。他说：'大难即将临头。'事实上我也的确感觉到，我有些地方不对劲儿了。谈话时我总得寻觅字眼儿，而且有的时候还很吃力。是时候了，我真该休息一下了。"

9月里，一面还在修订清样，巴尔扎克去了一趟威斯巴登，到他亲爱的情人德·韩斯卡夫人身旁去休整一下。他有理由得到休息，因为当年夏天他已经写出了自己最伟大的杰作——《邦斯舅舅》和《贝姨》，它们是从《穷亲戚》的腹稿中演变而来的，是他一生最大的成就。他在盛年，就到达了艺术顶峰。他的灼见从来没有这样深刻过，他的艺术匠心从来没有这样老练过，写法从来没有这样尖刻过。他是在长期的停顿之后写这部书的，其中没有任何虚假的理想主义或腻人的伤感情绪的痕迹。它们反映了现实生活的艰辛，是对这个世界的真实理解。这两部小说的现实主义，感觉的逼真程度，对原始感情的分析，至今在法国文学里还没有人

1850年8月20日，巴尔扎克葬礼在拉雪兹公墓举行。雨果在太阳西沉的时候，面对前来送葬的法国公众，发表了《巴尔扎克葬词》这篇著名的演说。图为雨果。

能超过。

就这样，巴尔扎克与艺术作了伟大的告别。我们可以据此来衡量《人间喜剧》所能达到的高度，假如巴尔扎克还能写作10年以上，即使5年也好，使其业绩更加成熟的话，巴尔扎克就能在《农民》里表现出城乡的最终对立，表现出真实的农民，就像表现真实的巴黎那样——而并非一个像卢梭所描写的馨香风景区，由大自然的天真儿童们居住着。在《战争》和其他关于军旅生活的故事里，他也就会描写出战争的一切赤裸裸的暴行，而不是与此恰成鲜明对照的在《乡下医生》里所写的拿破仑颂歌。在《一桩可怕的事情》里，他本已超过了历史的传奇观念，但假如命运对巴尔扎克有所怜惜，本可以完成戏剧、学术、外交、政治等等方面的图画。1845年拟定的目录中有50部书都是他没有来得及写出的。在剧本方面，巴尔扎克曾经效法过拙劣的模式而发现自己陷进了胡闹的沼泽，他这时确已即将立足于坚实的地基上。《阴谋家》，后来改称为《梅尔加特》，是一部描写欠债人胜过债主的剧本，是巴尔扎克在这个领域的第一部独立著作，此剧在他身后获得了其他剧本都不曾有过的成功。可以说，在戏剧方面，跟在小说方面一样，他完全感觉得到对自己天才所负的责任。不过，无论在身

雨果说，在最伟大的人物中间，巴尔扎克是名列前茅者；在最优秀的人物中间，巴尔扎克是佼佼者之一。

体方面，还是在精神方面，他都需要有一个休止。他再一次感到对休息的需要，一次彻底的、治疗性的休息。这是一个权利，是他用自己辛勤的笔耕挣来的。

就是在威斯巴登，巴尔扎克的病情愈来愈严重了，医生那里已经给他下了判决，他是绝对不能够恢复健康的了。而且，我们可以认为，医生们已经把得出的结论通知给德·韩斯卡夫人。在确知这场婚事只能维持很短时间的情况下，她决定使这个人实现他最后的愿望，这个人追求她已经这么多年了。婚礼定于1850年3月14日举行，这是他第一个婚礼，这时他已经51岁了，此前他从来没有想到结婚，他把一生都献给了文学事业。

　　过了两三天，巴尔扎克坐下来起草这份伟大的公告。幸福似乎已经恢复了他的健康，他写给他母亲、妹妹及自己认为亲近的人："三天之前，我同我唯一爱过的女人结了婚，我现在更加热爱她了，我将永远爱她直到我死的那一天。我相信，这次婚姻是上帝特地为我保留的奖赏，用来补偿我这么多的磨难，我所遭受和克服了的这么多年的艰辛和困苦。我的童年很不幸福，我的春天从来没有花朵来缀饰，可是，现在我应该享受一下明亮的夏天和最甜美的秋天了。我这次幸福的婚姻，从这一观点来看，也许可以给您一些个人安慰，因为它向您证明了，在长期受苦之后，上天的确藏有他愿意在最后颁赐出去的宝贝。"

　　当巴尔扎克封上这些信的时候，头脑里只剩下一个念头——尽快跟着这封信前去，跨进他自己家的门槛儿。但他并没有马上出发，因为道路深埋雪中，无法通行。即使没有这个障碍，巴尔扎克也不能踏上征程，因为他虚弱的身体正在经受更多的考验："我的心脏病又一次严重复发，还有肺部发炎。本已取得的进步又失去了多一半，原来那一阵子还真像是取得了不少进步。……我的眼前总有一块黑帘子不肯消散，遮住了一切，因而不能写字。……自从晴天打下那个霹雳以来，今天我是第一次提笔。"

最后，他们决心动身了。旅行非常艰苦。到达波兰国境时，巴尔扎克又一次垮下去了。他没有胃口，总是大汗淋漓，这就更加降低了他的体力。这时见到他的熟人几乎都认不出他了。在万分疲劳和一半失明的状态下，他总算勉强支持到了德累斯顿，这时，他连台阶都登不上去了。

旅程的最后一段是通过铁路运行的。而火车却误了点。直至深夜马车才驶到他家门口——幸福街。

夏天没过多久，医生们发出了裁决。从拿克加尔、路易、卢和福基埃4位大夫会诊的报告看来，非常清楚，他们所能开的只是缓和剂，偶尔再给一些轻

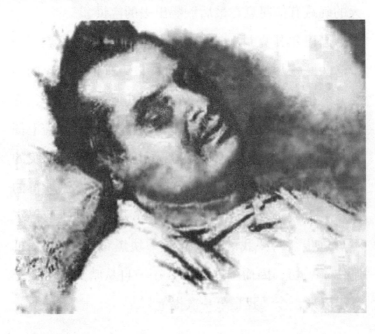

←灵床上的巴尔扎克

微的兴奋剂。至于其他，好像他们已觉得没有办法了。巴尔扎克自己也开始发愁了。他痛心《人间喜剧》的不能完成，还谈论到死后他的著作将会遭遇到什么情况。他逼着拿克加尔大夫坦白告诉他，他还剩下多少时间，而从老朋友面部的表情他已明白了事实真相。据传，在思想混乱的时候，他曾呼唤过霍拉斯·毕安仓，这位医生，他曾让他在《人间喜剧》里创造过科学奇迹的，他喊道："毕安仓要是在这儿，他能救我！"

巴尔扎克逝世于1850年8月17日夜10点半钟。葬礼于8月22日举行，祈祷仪式安排在圣·菲力浦·德·鲁尔教堂。在倾盆大雨中遗体被送往墓地。墓地在拉齐士神父墓园，这个巴尔扎克一向喜欢的地方，成了他最后的家，唯一的家。雨果发表了著名的演说：

"巴黎由于他的死亡已陷于昏迷。他回到法兰西不过几个月。他感到自己将不久于人世，希望再次见到祖国，就像在长途旅行的前夕人们一定要拥抱母亲一样。他的生命虽然短促，却是充实的。他在工作方面要比生活方面富足得多。唉！这位惊人的、不知疲倦的工作者，这位哲学家，这位思想家，这位天才，当他在我们中间逗留时，经历了充满风涛和斗争的生活，这本是一切伟大人物的命运。今天他安息了。现

在他已远离了冲突和仇恨。在他进入坟墓的这一天，他同时也进入了荣誉的宫殿。从此之后，他将在我们这个国家的许多明星之间闪烁，高高地远在我们头上所聚集的乌云之上。站在现场的诸位，你们能不羡慕他吗？然而，无论我们由于这个损失所感到的悲痛如何巨大，让我们顺从这些不幸的遭遇吧，让我们接受它们，以及它们包含的残忍的痛苦吧。这也许是一桩好事，也许是必要的事。伟大人物的逝世往往不时地会引起宗教感情的波浪掠过我们的灵魂，而我们的灵魂已被怀疑心肠磨蚀殆尽了。苍天是明白它所做的事

情的，当他以如此高超的神秘来冒犯一个民族，从而驱使它去思考死亡，在这件事上倒是人人平等，人人自由的。当一个崇高的英灵庄严地走进另一个世界，当一位以肉眼可见的天才翅膀久久翱翔于群众之上的人物，忽然伸出我们一向没有见过的

1850 年 8 月 20 日，巴尔扎克的葬礼在拉雪兹公墓举行。

另外的翅膀消失到不可知的境界里去的时候，我们的心中容不下别的，只能产生严肃和真诚的思想。不！这不是不可知的境界！我从前曾在类似的悲痛场合说过，我也永不厌烦地还要再说——这不是黑夜，乃是光明。这不是终局，而是开端。这也不是虚无，而是永生。我说的难道不是真理吗，听我讲话的人们？像这样的坟墓才是永垂不朽的明证。"

　　是的，巴尔扎克的童年是凄惨的，缺少母爱。成年后，为摆脱家庭的束缚，放弃了律师职业，"卖身为奴"，走上文学创作的道路。千辛万苦，百般磨难，用自己的笔描绘法兰西社会的一幅幅图画，用生命筑起了一座永恒的丰碑。

相关链接

XIANGGUAN LIANJIE

巴尔扎克和雨果的友谊

巴尔扎克和雨果是欧洲现实主义文学和浪漫主义文学两座并峙的高峰。他们生活在同一时代、同一城市，对文学的执著和共同拥有的崇高声望，使这两位文学大师交往甚密并成为朋友。可是，在他们年轻的时候，也曾经有过一段不愉快的故事。

1830年，雨果抨击独裁专制的浪漫主义杰作《欧拉尼》在巴黎上演，此剧以其思想内容的深刻和艺术的精湛而受到大多数观众的欢迎，但巴尔扎克当时并没有真正认清它的价值，反而撰文对此剧进行严厉的批评。最让雨果接受不了的是，巴尔扎克认为他在剧本创作方面缺少才华，"除了偶尔的机会，维克多·雨果先生的笔永远也遇不到一丝自然的线条"。

巴尔扎克的尖刻批评，自然使雨果感到恼火。尽管这样，雨果并没有因此耿耿于怀，后来还是与巴尔扎克重归于好。

1849年2月，巴尔扎克患上了心脏肥大症，雨果有一次在街上遇见了巴尔扎克，巴尔扎克向他诉说了自己的病情，雨果表示慰问；1850年7月，雨果去巴尔扎克寓所看望；1850年8月17日，当雨果得知巴尔扎克病情恶化的消息之后，于当天夜里又一次来到他的病榻前，两人进行了交谈。这时的巴尔扎克还满怀希望，认为自己还能复原。可雨果已有了不祥的预感，他于当天深夜回到家中，对在自己家中等候的几位朋友说，欧洲将失去一位伟才。果然，巴尔扎克的生命在当天夜里十点半结束了，终年51岁。

巴尔扎克的逝世，使整个法国陷入悲痛之中。作为巴尔扎克的老朋友，雨果悲痛万分。他是一个感情十分丰富的人，人类的生与死、善与恶，世间的美与丑、真与假，无不在他心中留下深刻的印记，引发他丰富的联想。他痛悼一代伟人巴尔扎克的永不复生，为巴尔扎克在并不长寿的生命中的巨大创造而骄傲，他也思考人活着的意义、死后的荣辱等问题。1850年8月20日，天气阴晦，细雨霏霏，巴尔扎克葬礼在拉雪兹公墓举行，雨果在太阳西沉的时候，面对前来送葬的法国公众，发表了著名的演说。

相关链接
XIANGGUAN LIANJIE

巴尔扎克葬词

雨 果

各位先生：

现在被葬入坟墓的这个人，举国哀悼他。对我们来说，一切虚构都消失了。从今以后，众目仰望的将不是统治者，而是思想家。一位思想家不存在了，举国为之震惊，今天，人民哀悼一位天才之死，国家哀悼一位天才之死。

诸位先生，巴尔扎克这个名字将长留于我们这一时代，也将流传于后世的光辉业绩之中。巴尔扎克先生属于19世纪拿破仑之后的强有力的作家之列，正如17世纪一群显赫的作家，涌现在黎塞留之后一样——就像文明发展中，出现了一种规律，促使武力统治者之后出现精神统治者一样。

在最伟大的人物中间，巴尔扎克是名列前茅者；在最优秀的人物中间，巴尔扎克是佼佼者之一。他才华卓著，至善至美，但他的成就不是眼下说得尽的。他的所有作品仅仅形成了一部书，一部有生命的、光亮的、深刻的书，我们在这里看见我们的整个现代文明的走向，带着我们说不清楚的、同现实打成一片的惊惶与恐怖。一部了不起的书，他题做《喜剧》，其实就是题做《历史》也没有什么，这里有一切的形式和一切的风格，超过塔西陀，上溯到苏埃通，越过博马舍，直达拉伯雷；一部既是观察又是想象的书，这里有大量的真实、亲切、家常、琐碎、粗鄙。但是有时通过突然撕破表面、充分揭示形形色色的现实，让人马上看到最阴沉和最悲壮的理想。

愿意也罢，不愿意也罢，同意也罢，不同意也罢，这部庞大而又奇特的作品的作者，不自觉地加入了革命作家的强大行列。巴尔扎克笔直地奔向目标，抓住了现代社会进行肉搏。他从各方面揪过来一些东西，有虚像，有希望，有呼喊，有假面具。他发掘内心，解剖激情。他探索人、灵魂、心、脏腑、头脑和各个人的深渊，巴尔扎克由于他自由的天赋和强壮的本性，由于他具有我们时代的聪明才智，身经革命，更看出了什么是人类的末日，也更了解什么是天意，于是面带微笑，泰然自若，进行了令人生畏的研究，但仍然游刃有余。他的这种研究不像莫里哀那样陷入忧郁，也不像卢梭那样愤世嫉俗。

这就是他在我们中间的工作。这就是他给我们留下来的作品，崇高而又扎实的作品，金刚岩层堆积起来的雄伟的纪念碑！从今以后，他的声名在作品的顶尖熠熠发光。伟人们为自己建造了底座，未来负起安放雕像的责任。

他的去世惊呆了巴黎。他回到法兰西有几个月了。他觉得自己不久于人世，希望再看一眼他的祖国，就像一个人出门远行之前，再来拥抱一下自己的母亲一样。

他的一生是短促的，然而也是饱满的，作品比岁月还多。

唉！这位惊人的、不知疲倦的作家，这位哲学家，这位思想家，这位诗人，这位天才，在同我们一起旅居在这世上的期间，经历了充满风暴和斗争的生活，这是一切伟大人物的共同命运。今天，他安息了。他走出了冲突与仇恨。在他进入坟墓的这一天，他同时也步入了荣誉的宫殿。从今以后，他将和祖国的星星一起，熠熠闪耀于我们上空的云层之上。

站在这里的诸位先生，你们心里不羡慕他吗？

　　各位先生，面对着这样一种损失，不管我们怎样悲痛，就忍受一下这样的重大打击吧。打击再伤心，再严重，也先接受下来再说吧。在我们这样一个时代里，一个伟人的逝世，不时地使那些疑虑重重受怀疑论折磨的人对宗教产生动摇。这也许是一桩好事，这也许是必要的。上天在让人民面对崇高的奥秘，并对死亡加以思考的时候，知道自己做的是什么；死亡是伟大的平等，也是伟大的自由。

　　上天知道自己做的是什么，因为这是最高的教训。当一个崇高的英灵庄严地走进另一世界的时候，当一个人张开他的有目共睹的天才的翅膀，久久飞翔在群众的上空，忽而展开另外的看不见的翅膀，消失在未知之乡的时候，我们的心动中只能充满严肃和诚挚。

　　不，那不是未知之乡！我在另一个沉痛的场合已经说过，现在我也永不厌烦地还要再说——这不是黑夜，而是光明！这不是结束，而是开始！这不是虚无，而是永恒！我说的难道不是真话吗，听我说话的诸位先生？这样的坟墓，就是不朽的明证！面对某些鼎鼎大名的与世长辞的人物，人们更清晰地感到这个睿智的人的神圣使命，他经历人世是为了受苦和净化，大家称他为大丈夫，而且心想，生前凡是天才的人，死后就不可能不化做灵魂！

巴黎的雨果雕像